おもかげ復元師

笹原留似子

ポプラ文庫

生後10日目の赤ちゃん…。

言葉が話せなくなった
お父さん、
復元後のあなたを見て、

床に頭をつけて、
大きな声で泣いたよ…。

「やっと泣けた…」
そう言って、あなたに
触れたね。

一瞬で
お父さんが
波にのまれた…。

「お父さん！」って
言ったら
「来るな！」って
お父さん叫びながら
波の中に
消えて行ったの…。
娘さんの涙は止まらない。

著者は、東日本大震災直後からボランティアとして被災地に入り、生後10日の赤ちゃんから90歳を越える高齢者まで、約300人を5か月以上かけて見送った。復元したひとりひとりを忘れないよう、スケッチブックに自ら描いた絵と言葉。

「とうちゃん！」
6才の息子さんの声が、
大きく安置所に
ひびいたね…。
お父さんは いつも
あなたの傍にいる。
忘れないで
いてあげてね。

2才、女の子。
小さな いのち、
大きな 存在…。
仕上げに
手ぐして 整えた時の
感触が、
今も 私の 手に
残ってる…。

「育ててくれてありがとう」
お孫さんが
おばあちゃんに言った。
おばあちゃん、
何て答えてくれるかな？
おばあちゃんの答えは、
きっと お孫さんしか
知らないね。
だって、すてきに深い
「きずな」で今も
つながっているから…

17才、女の子。

「守れなくてごめんな」
お父さんが泣いた。

「そんなこと、
この子は思っていないよ。」
おばあちゃんが言った。

「おれの孫に生まれてきてくれてありがとうな。」
おじいちゃんが言った。

限られた時間だけど、
家族の…この子だけの…
大切な時間…。

旅立つ方が寂しくないように、
道に迷わないように、
著者が一体一体、
手作りをしている「導き地蔵」。

はじめに

彼女と出会ったのは、陸前高田《りくぜんたかた》の安置所でした。東日本大震災でいったい何が起きたのか、初めてわたしがはっきりと知った場所です。ブルーの大きなビニールシートが敷き詰められた床の上に、大人のなきがらにまじってぽつりと置かれていた、その小さな小さななきがらは、わたしの心に突き刺さりました。

震災から九日目。三歳くらいの、かわいい女の子でした。変わり果てたその姿を、わたしはなんとかしてあげたかった。きっと元のかわいい、愛らしい女の子に戻してあげられる。その技術を、わたしは持っていたのです。

しかし、それはできませんでした。身元不明だったからです。法律の壁が、わたしの目の前に立ちふさがったのでした。思えば、このときの悔しさがすべての始まりでした。

岩手県北上市《きたかみし》は、東北有数の桜の名所として知られています。両側に数キロメートルにわたって桜並木が続く北上川沿いの道路は、満開の四月末には歩行者に開放され、大変なにぎわいを見せます。それはもう、本当に見事な桜です。北上に暮らして五年のわたしも、毎年この桜を楽しみにして家族で訪れていました。

しかし、あの年。

二〇一一年の春は、わたしの心が北上の桜に向くことはありませんでした。東日本大震災に見舞われた沿岸の被災地で、わたしはほとんどの時間を過ごしていたからです。

わたしは、納棺師《のうかんし》を職業としています。亡くなられた人を見送る現場で、故人を安らかな表情にお戻しし、お身体を清らかにして仏衣《ぶつえ》をととのえ、棺《ひつぎ》にお納めする。

納棺師という言葉は、二〇〇八年にアメリカのアカデミー賞外国語映画賞も獲得するなど、大きな話題となった映画「おくりびと」で広く知られるようになりました。映画では、納棺をご家族が見守るシーンが映しだされていましたが、わたしは自分の会社を立ち上げた二〇〇七年十一月、岩手で、新しい納棺の方法を生みだしました。

それが、ご家族に見守っていただくのではなく、ご要望をお聞きしながら、一緒に納棺を行うという「参加型納棺」です。たとえば、清拭《せいしき》をお手伝いいただく。死化粧《しにげしょう》をお子さんやお孫さんと一緒に行う。仏衣を一緒にととのえる。

どうしてこのような方法が思い浮かんだのかといえば、このほうが、ご家族が大切な人の死と向き合えるから。かけがえのない人の死を、自分自身から起こる感情のなかで人生の大切な出来事として受け容れることができるようになると考えたからです。

もちろん、死は本当に悲しいものです。どんな言葉をもってしても、その悲しみがやわらぐものではない。深い悲しみのなかにいらっしゃる方に、気の利いた言葉などかけられないと、わたしは感じています。できることは、ただ悲しみに寄り添わせていただくこと。

残された人が死を受け容れる。そのためにも、わたしがこだわってきたのが「復元」でした。職業名を「復元納棺師《ふくげんのうかんし》」と名乗ることもあります。故人がどんな状態にあったとしても、生前と同じ表情、できるだけ微笑みをたたえたお顔にする。生前と異なるところ、たとえば硬直を解き、顔色や顔つやを変え、においが出ないようにする。交通事故などで身体に損傷を受けた場合にも、あらゆる技術を駆使してお戻しする。

こうして復元をさせていただいたのちにご家族に対面していただくと、「元に戻った」と驚かれ、涙を流されることが少なくありません。身体がゆがんでしまっていたり、苦悶《くもん》の表情が浮かんでいたり、生前では考えられないような顔色をしていたり、においが出ているときには、ご家族は故人としっかり向き合うことができません。しかし、復元させていただくことによって、事実を受け止め、死を受け容れることができるのです。

故人のいいお顔を最後に記憶し、想い出を分かち合う。それができるようになれば、自然に場の空気から笑いが生まれるようになります。これこそ、故人も喜んでくれる見送り方だと、わたしは考えているのです。


二〇一一年三月、日本を襲った東日本大震災では、こうした見送りがとてもできない状況が続きました。突然、かけがえのない人たちが死に追いやられただけでなく、津波にのまれ、激しく損傷したまま、さらに震災の日から何日も、何十日も経過した故人と対面し、見送らざるを得ない人たちがたくさん現れることになってしまったのです。なかには、あまりのショックに最後の対面をすることなく見送った人たちも少なくなかったようです。

ご家族がしっかりと死と向き合う場、大切な人を見送る場を何より大切にしてきたわたしにとって、この現実はどうしても受け容れられないことでした。わたしにできることはないだろうか。ご家族の、さらには故人の力になれないだろうか。そんな思いから、被災地の安置所を巡って始めたのが、復元ボランティアでした。

時には三時間、四時間とかかることもありました。それでも復元を終えたとき、ご家族の方に「ありがとう」と喜んでいただけることが、わたしのすべての原動力でした。

わずか三百人以上しか戻して差し上げることができなかった。それでも、これまで培ってきた技術で精一杯の復元に挑んだつもりです。やがて、そんなわたしのことを新聞やテレビで知った全国の方々から、驚くほどたくさんの励ましをいただきました。それは、本当にうれしいことでした。

震災は、日本の人々の、死との向き合い方を変えたのではないかといわれています。では、死とはどのように向き合っていくべきなのか。応援の声をあげてくださったみなさまに恩返しをする意味でも、これまでの体験と思いを本にしてみてはどうか、という機会をいただいて生まれたのが、本書です。

死とは何か。死の現場では、何が起きているのか。見送る現場で、わたしは何を感じ、伝えてきたのか。僭越《せんえつ》ながら、書かせていただくことにしたのでした。

死はいずれやってきます。これは誰にも避けることのできないものです。だから死というものを明確に理解し、少しでも近く感じることが、実は大切。死との向き合い方を知っておくことは、生を知ることでもある。わたしは、そう思っています。

おもかげ復元師　もくじ

第二章　肉体が滅びるということ

第三章　見送りの現場で

第四章　天使たち

第八章　支えられて

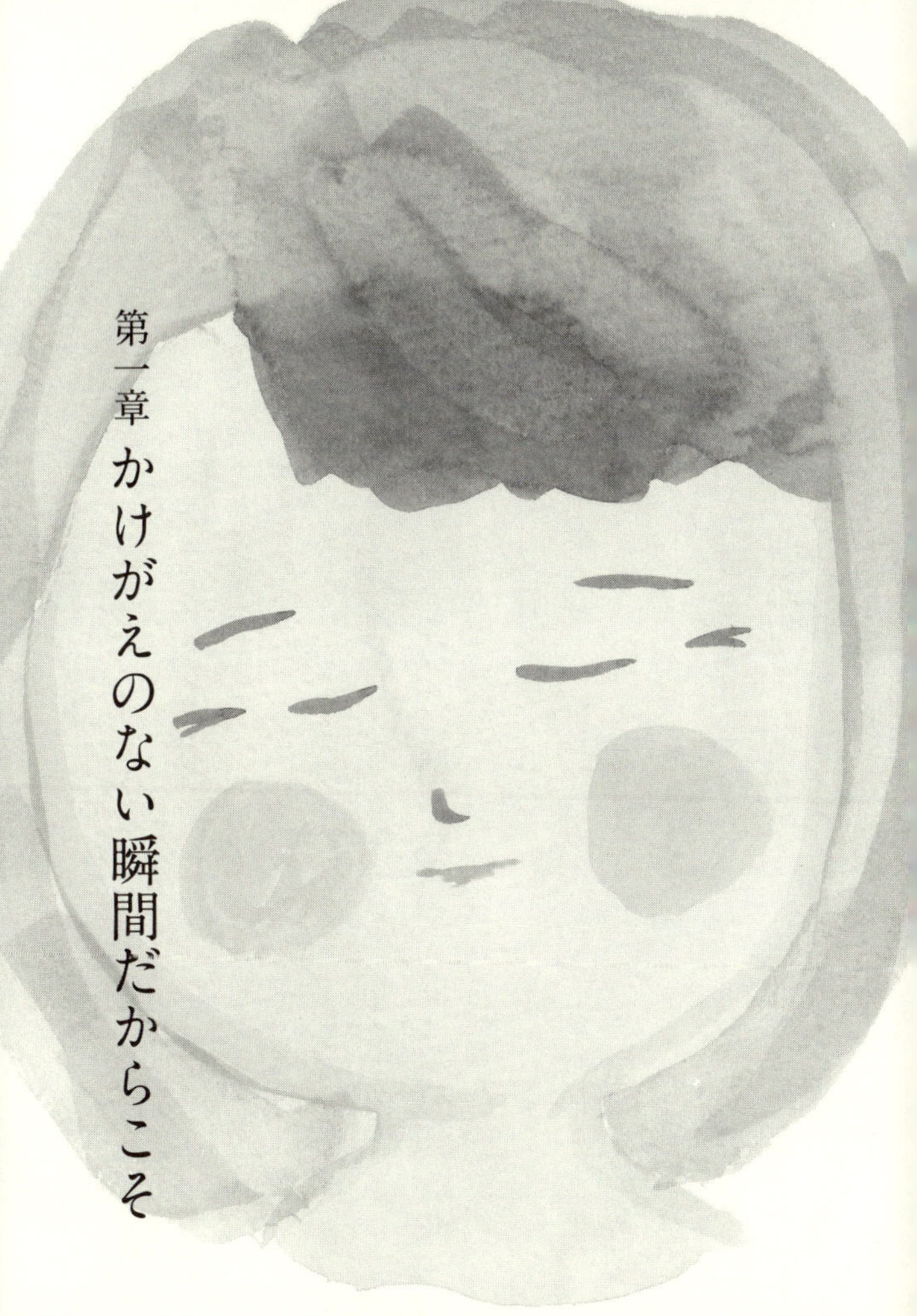

第一章　かけがえのない瞬間だからこそ

高い、高〜い

ひとつひとつの納棺の現場を、わたしはとても大切にしています。それは、その別れのひとつひとつが、かけがえのないものだからです。

納棺師として独立したばかりの頃、わたしは、ご家族にしっかりと寄り添って、共に死と向き合い、死を受け容れてもらうという自分なりのスタイルを貫くことに、まだ自信が持てずにいました。そんなとき、友人の看護師に聞いたこんな話が、「これでいいんだ」とわたしを強く後押ししてくれたことを今も覚えています。

看護学校時代の同期の看護師が、結婚して数年、二十代の若さで急死してしまったといいます。しかも、臨月でした。お腹《なか》のなかに赤ちゃんを抱えたまま、旅立つことになってしまったのです。

葬儀の場では、ご主人はもとより、彼女のお父さんの憔悴《しょうすい》ぶりは、もう見ていられないほどだったといいます。そんななか、葬儀会社の新人の担当者が葬儀のための打ち合わせを進めていきました。お父さんはうつむいたまま、ポツリ、ポツリと語り始めました。

一人娘だったこと。結婚をとても喜んだこと。妊娠したと聞いて、娘にはいわなかったけれど飛び上がらんばかりに舞い上がったこと。初孫の誕生を、心から楽しみにされていたのです。

「一度でいいから、孫を抱いてみたかった……」

涙ながらに語るお父さんに、葬儀会社の担当者は胸を打たれたといいます。そのとき、彼にはひとつの考えが浮かんでいました。

葬儀が終わり、なきがらは火葬場へと向かいました。窯《かま》からお骨が出てきたとき、誰もが声をあげずにはいられませんでした。故人のお腹の部分には、小さな赤ちゃんのお骨が、かわいく丸まった姿であったからです。喪服に身を包んだ列席者の多くが、あらためて悲しみに包まれました。そのとき担当者が、お父さんにそっと声をかけました。

「この骨壺《こつつぼ》に、お孫さんを入れてあげてください」

担当者が特別に用意した小さな骨壺でした。担当者はいいました。

「この小さな骨壺は、わたしからのプレゼントです。お孫さんを、力一杯抱きしめてあげてください」

葬儀場の方から骨壺にお骨の一部を入れてもらうと、「はい、おじいちゃん」といいながら、彼はお父さんに手渡したのでした。〝おじいちゃん〟は、その小さな骨壺をいとおしそうに受け取ると「ありがとう」と涙を流しながら、何度も何度も抱きしめたそうです。

担当者も予想しなかったことが起きたのは、次の瞬間でした。〝おじいちゃん〟は、その場で、なんのためらいもなく、骨壺を空高くかかげたのです。

「ほーら、高い、高〜い。高い、高〜い。高い、高〜い……」

その場にいた誰もが涙を抑えきれませんでした。担当者も、泣かずにはいられなかったといいます。火葬場の係の方も、思わずうつむいておられたそうです。

でも、わたしは思います。きっとこの〝おじいちゃん〟は、最高の形で故人を、そして初めてのお孫さんを天国に送りだせたのではないか。悲しみを、かけがえのない想い出に変え、お別れをすることができたのではないか、と。

わたしたちの仕事には、そんな力が潜んでいる。わたしはそう確信しました。だからこそ、ひとつひとつの現場に全力で向かわなければいけない。わたしは意を強くしたのでした。

この思いは、今も変わっていません。

作るのではなく、戻す

故人と過ごした日々をかけがえのない想い出にしていただくために。一番いいお顔を記憶しておいてもらうために。わたしが強いこだわりを持っているのが、故人をできるだけ生前のお姿に近づけること。表情を含め、ご家族に「これがあの人だ」といってもらえるようにお戻しすることです。

人は死を迎えると、時間の経過とともに変化していきます。それは、いたしかたのないことです。しかし、ご家族にとっては、いたたまれないものでもあります。たとえば、口が大きく開いてしまっている。顔が土色になってきた。目が閉じなくなってしまった。表情がなんだか苦しそうだ……。こんな姿は見たくないと思われているはずです。そんな思いや悩みを技術に変えて、生前のお姿に近づけていく。そのためにわたしは、「復元」も行う納棺師になりました。

わたしたちが何よりも切ないのは、ご本人の姿が生前とは変わってしまっているために、葬儀の場などで故人のそばに誰もいなくなってしまうことです。しかし、実際にそういうことがあるのも現実なのです。

そういう場面では、わたしはそっと故人に話しかけることにしています。

「きれいになって、みんなに言葉をかけていただきましょうね」

実際、姿がどんどん戻っていくと、ご家族は本当に驚かれます。「寝ているみたいだ」などという声が必ず上がります。そして近づいて、故人を囲んで、最高の最期を見送るにふさわしい雰囲気ができていきます。

死化粧というと、化粧で変える、作る、というイメージを持たれる方もいるかもしれませんが、そうではありません。あくまで、戻す。だから、復元なのです。そして、とりわけわたしが大きなこだわりを持っているのが、微笑みを戻すことです。笑みを浮かべた故人のお顔というのは、本当に美しいものです。わたしは表情筋の研究をくり返すことで、笑いじわをたどりながら処置をして、生前の微笑みに近いお顔に戻すことができるようになりました。

故人も、いいお顔で見送られたいはずです。いいお顔を、最後に記憶してほしいと思われていると、わたしは思うのです。

してあげた、という想い出

故人のお顔を生前の微笑みにお戻しする。ご本人の笑いじわをたどりながらお戻ししていくこともできますが、わたしよりも実は、ご家族のほうが故人のいいお顔をよくご存じなのです。長い年月を共に過ごし、苦楽を共にされてきたのですから、考えてみれば当然のことです。なので、死化粧の場面ではできるだけご家族の希望をお聞きし、ご協力いただくようにしています。これも、わたしが作り上げてきた「参加型納棺」のスタイルのひとつです。

死の現場というのは、多くの人にとって非日常です。自分に何ができるか、どう振る舞えばいいか、落ち着いて考えたり判断する余裕がないままに悔いを残すことになってしまったとしても、それは仕方のないことです。でも、ちょっとしたきっかけ作りで、ご家族の「こんなふうにしてほしい」「こんなふうにしたい」などのお気持ちをお聞きすることができます。そうやって、ご家族と一緒に納棺を進めていくやり方があってもいいのではないかと思うのです。

もちろん、止血、体液対策、腐敗臭対策など、しかるべき処置をわたしが済ませることが前提ですが、そのあとでお身体を拭いていただいたり、死化粧を施していただいたり、仏衣を着せるお手伝いをしていただいたりすると、ご家族の方は本当にいきいきと手助けをしてくださいます。

最後に何かをしてあげられた、ということ自体が、忘れられない想い出になるようです。さらに、手を取っていただいたり、お顔に触れていただいたりすることで、故人へ愛情を伝える時間も生まれます。

この参加型納棺を始めて何より良かったと思うのは、現場にとてもあたたかい時間が流れることです。ご家族の故人に対する愛情が、こちらにもひしひしと伝わってきます。

本当は誰だって、自分たちの手で故人を送りだしてあげたいはずです。でも、いつからか日本では、そのような場が失われてしまいました。だから、わたしたちの納棺は、ご家族にじっくりお話をおうかがいするところから始まります。それはわたしにとって、とても大事な時間なのです。

故人にどんなことをなさりたいのか。こうしたい、ああしたいという声に耳を傾けることも大事ですが、時にはただ見守らせていただくことが必要な場面もあります。観察していると、小さな変化に気づきます。表情から察して、お声がけすることもあります。

泣くのを我慢しているのかな、と感じれば、故人の手をわたしがしっかり握って、「どうぞ」とご家族に渡します。「握って差し上げてください」といいます。

結果的には、握っても握らなくても、どちらでもいいのです。でも、ほとんどの方が、手を握ります。それで緊張がほどけるのでしょうか、そのまま故人にすがるように泣かれます。

いちばんの味方

こんなこともありました。

高齢の女性の故人のかたわらに座っていた若い女性。聞けば、美容師なのだそうです。彼女はいいました。

「約束していたんです。おばあちゃんを東京に呼んで、髪の毛を切ってあげるね、って。おばあちゃん、楽しみにしてくれてた。でも、わたしはまだ半人前で……」

泣きながら、約束を守れなかったことを悔いていました。わたしはいいました。

「じゃあ、今から髪の毛、ととのえてあげましょう。わたしが助手になりますから」

彼女は東京から持ってきた道具を取りだすと、真剣な表情でおばあちゃんの髪に向かいました。こんなふうに、故人に愛情をいっぱい注いでくださる納棺が、わたしは好きです。お部屋中、あったかい気持ちでいっぱいになる。他のご家族も、目に涙をいっぱい浮かべながら見守っています。

ようやく、彼女がハサミをそっと枕元に置きました。

「約束が、守れましたね」

わたしが語りかけると、安心したのでしょう。大きな声をあげて、おばあちゃんにすがりつきました。

「おばあちゃん、さぞかし喜んだと思いますよ」

ふと見ると、彼女の手はあかぎれで真っ赤でした。

美容院ではまだシャンプーの担当なのかもしれない。でも、一生懸命に頑張っていたことを、おばあちゃんは知ってくれていたと思います。頑張り屋さんの彼女には、一番の味方だったのかもしれません。

おばあちゃん、これからも見守ってあげてくださいね。

わたしは心のなかで、故人にそっと話しかけていました。

掛け布団

故人への愛情の表現には、本当にいろいろな形があります。

こんなことがありました。高齢の女性の納棺で、一通りの処置が終わり、さあ仏衣を着せようかと足元にたたんだ掛け布団を、すぐそばにいる男の子が故人に掛け直してしまうのです。

わたしは笑いながら、「ごめんね、今からお着替えをするからね」というのですが、掛け布団を足元にたたむと、また胸まで引き上げてしまう。

おそらくお母さんでしょう、とうとう「ダメじゃないの」と激しく怒ってしまいました。しかしわたしは、きっと何か意味があるのだろうと思いました。聞けば、男の子は小学校一年生だといいます。

「寒そうだから、お布団掛けるの？」

「ちがうよ。ぼくはね、おばあちゃんといつも一緒に寝てたんだよ」

観察していると、掛け布団がしっかり故人の肩に掛かっていると満足げな表情です。

「ぼくが寝てるとき、おばあちゃんはいつもこうしてお布団を掛けてくれたんだ。だから、ぼくも最後に掛けてあげるの」

必死の表情でわたしに訴えてきます。

わたしは、聞き逃してはいけない言葉があったことに気づきました。「最後に」と彼はいったのです。死をわかっている、あるいはわかろうとしている。だから、この子の思いを優先してあげようと思いました。

わたしは掛け布団を掛けたまま、仏衣を着せることにしました。

「ねぇ、ちょっと手伝ってくれるかな」

わたしは彼に、おばあちゃんの手を取って渡しました。その瞬間、彼はその冷たさに驚いて、すぐそばのおじいちゃんの胸に飛びこんで泣き叫びました。

「おじいちゃん！　おばあちゃん、いなくなっちゃうの？　どうしてなの？」

切ない声が、まわりの方々の涙を誘いました。誰も答えられないなかで、おじいちゃんが男の子を抱きしめていいました。

「おばあちゃんはね、大好きな人の心のなかにちゃんと生きてるんだ。いつもおまえの心のなかに一緒にいてくれているから大丈夫だよ」

納棺の帰り際、おじいちゃんはわたしを呼び止めて、こういってくれました。

「今日はありがとう。オラ、長生きするよ。この子のためにも生きる。頑張るよ」

あんたは本物の娘だよ

帰り際に呼び止められた、といえば、こんなことがありました。

高齢の女性が亡くなられてうかがうと、なんだか良からぬムードが漂っていました。すぐにわかったのは、故人と息子さんご一家が同居しておられたこと。そこに、家を出ていた娘さんが葬儀のために戻られていたこと。居心地悪そうにしておられたのが、お嫁さんでした。

よくあるのです。実の娘さんたちに、お嫁さんが誤解されている。お母さんがなにげなしにポロッとこぼした一言を、娘さんはものすごく大きく受け止めてしまい、お嫁さんはいじわるだ、お母さんにひどい仕打ちをしている、いつもつらい思いをさせている……といったイメージへとつながってしまうようなのです。

いつものように故人に向かうと、気がついたことがありました。わたしはすぐに、こういいました。

「最近、よく笑っていらっしゃったようですね」

すると、実の娘さんがきつくこういったのです。

「ウソでしょ」

「いえいえ、そんなことはないですよ。ここを見てください。薄い笑いじわがあるでしょう。これは最近、よく大笑いしていた証拠なんです。だから、晩年はずいぶん楽しく過ごしておられたと思いますよ。フフフ、何をされたのかしら」

わたしがお嫁さんのほうに向くと、思い出話をしてくれました。

「晩年はほとんど寝たきりだったんですが、お姑《しゅうとめ》さんの好きなものを作るといつもゴキゲンで。ときどき、わたしにも一口くださったりして。ところが、手が震えるからわたしのほっぺに当たっちゃったりするんです。それが、お義母《かあ》さんの笑いのツボに入るみたいで、いつも大笑いして」

「やっぱり。ずいぶん楽しかったみたいですよ」

納棺を済ませて帰り際、お嫁さんが走って来られました。涙を流しながら、こうおっしゃいます。

「ありがとうございました……。みんなの誤解が解けて、うれしかったんです。自分から言い訳みたいなことはしたくなくて。だってお義母さん、いってくださったんです。長い間、よく頑張ってくれた。あんたは本物の娘だよ、大好きだよ、って。

わたしも、お義母さんが大好きでした。だから、亡くなったときは、本当に悲しくて……」

そのとき突然、強い風が吹いて、道の端《はし》にある木の上から葉っぱがふわりふわりとたくさん降ってきました。わたしはいいました。

「お義母さんが見えたのかもしれないですね。こんな突風、めずらしいですもの」

ふと振り向くと、また走ってくる女性が。

今度は娘さんでした。お嫁さんに向かって、ペコリと頭を下げたのです。

「ごめんなさい。わたし、謝りたくて。お母さん、つらい仕打ちをされているんじゃないかと疑ってた。でも、本当はお母さん、感謝してるっていってたの。わたしは自分ができていないことを棚に上げて、あなたにイライラをぶつけてしまったんだと思う。ごめんなさい……」

そのうち、お嫁さんの顔もくちゃくちゃになって、二人で抱き合って泣かれました。

また空から、葉っぱがふわりふわりと舞い落ちました。素敵な光景だなぁ、と思いました。血はつながらないけれど、心はつながるって、こういうことだと思いました。

秋でした。ああ、秋の葉っぱを見るたび、きっとこの光景を毎回、思いだすだろうな、とわたしは思ったのでした。

その通り、秋が来ると、いつもあの二人を思いだします。

第二章　肉体が滅びるということ

死後変化は、誰にでも起こる

人は亡くなると、身体が大きく変化します。あるとき、こんなことがありました。高齢の男性の夏の納棺。暑さのため、腐敗現象が進行してしまっていました。白い顔あてを取ると、口が開き、目も半分開いていて、顔が緑色になっています。腐敗臭もありました。

故人の奥さんがわたしの近くに見えて、こうおっしゃいました。

「孫たちはおじいちゃんが大好きだったんです。でも、こんなふうになってしまっては、孫に見せたくない」

わたしは奥さんに申し上げました。

「処置をさせていただきましたら、支えがなくても口は閉じます。においもなくなって、目も閉じます。見せてもよい状態なら、お孫さんに会わせてあげたいですよね」

処置が終わると、奥さんは「元に戻った」と涙を流されました。

近くに来ることを許されたお孫さんは、大好きなおじいちゃんにずっと寄り添っていました。旅支度の間ずっと、耳元でおじいちゃんとよくうたった歌をうたいつづけていた姿が印象的でした。たくさんの想い出が、おじいちゃんとの間にあったのでしょう。最後にまた新たな想い出ができたことは、とても大きな意味があったと思います。

人は心臓が止まると、腐敗現象が始まります。「におい」「肌の色」「死斑《しはん》」「著しい乾燥」「体液が出る」「血が出る」「膨張する」「水疱《すいほう》」などなど、いろんな変化を起こします。すべての現象には、きちんと理由があります。わたしは納棺の時間に、ご家族がびっくりされないように、現象の意味を順を追って説明します。気になることは、ひとつひとつ確認しながら、元に戻していきます。

きれいなお姿のままにするために、腐敗を遅らせるドライアイスは必需品です。消化器系、血栓、損傷部位、リンパ、気道など、状況や状態に合わせ、適所にあてます。

亡くなられた方も、「いとおしい人」といいお別れをしたいはず。だから、わたしたち納棺師の役目があると思っています。

目が開いたり、出血したり

亡くなったときは目を閉じていたのに、時間が経ったら目が開いた、と驚かれることがあります。どうして目が開いてしまうのか。理由はさまざまありますが、ほとんどは乾燥が原因だといわれています。開いてしまった目は、まぶたをしっかり保湿しマッサージを加えることで、閉じることができます。

また、ときどき、体から血が出るのを見て驚かれる方がいらっしゃいます。亡くなった人は、血は出ないと思われているのかもしれません。

しかし、亡くなった人も傷つくと血が出てきます。しかも、止まりません。亡くなった人は、かさぶたを作る機能が止まっているからです。

ほんの少しの出血なら、わたしたちが普段している方法で止めることができますが、重度の出血となると、生きている人とはまったくちがう方法で止血を行うため、納棺師の出番となります。納棺の時間に布団をめくると、血の海になっていることもあります。ご家族は本当にびっくりされますが、大丈夫です。

そのためにわたしたちはいるのです。

納棺時には、まず含み綿を使って口腔内の処置をし、体液、血液、においを止めます。

それから安らかな表情になるように、顔そり、ドライシャンプー、整髪、フェイスマッサージを行っていきます。

亡くなった方のお肌は、生きている方とは状態がちがって、変化しやすくなっています。普段のお化粧をしてしまうと、お肌の変化を促進させてしまうことがあります。そこで行うのが、死化粧です。

このとき、顔そりをしたり、フェイスマッサージをしたりすると、化粧がうまく乗って血色のよい安らかなお顔に戻すことができます。

ご家族が求めておられるのは、生前のお元気なときの故人です。

そのために処置が必要になる箇所はさまざま。目、鼻、口、顔の輪郭《りんかく》、浮腫《ふしゅ》、髪型、肌の質や状態、気管切開部位や創傷部、体液漏れ、止血などなど。

処置の途中は見せて差し上げられませんが、完成が近づいてきたら、どんどんご家族に意見を求めます。「戻った！」とご家族が感じてくださることが何よりの喜びなのです。

たくさんの方々が、棺の窓を開けて故人のお顔をのぞき込んでいらっしゃる。その様子を見届けてわたしが帰ろうとすると、いっせいに振り向いて「ありがとうございました」と悲しみのなかにもどこか晴れやかな表情でいってくださる。その瞬間が、わたしは一番好きです。

硬直は、生き返るように解く

故人が病院から搬送《はんそう》されてくるときに、合掌《がっしょう》している手を紐《ひも》でぐるぐるに縛《しば》られていた、とショックを受けていたご家族がいらっしゃいました。どうしてこんなことをするのか、と。

実はこういった疑問は少なくありません。しかし、これにも理由があります。

一昔前のことですが、搬送中、ストレッチャーからはみだしてブラブラしていた故人の手が、何かにはさまるというアクシデントがあったのだそうです。

こんなことになっては、亡くなっているとはいえかわいそうだ、と感じた病院の看護師さんが、「お家につくまで縛らせてくださいね」ということで始まったマニュアルなのだそうです。

最近では縛ることは少なくなってきましたが、もしそういった場面に遭遇した場合にも、紐の痕《あと》はちゃんとマッサージで直すことができます。

病院で合掌の形に手を組むのには、もうひとつ理由があります。人は、亡くなってすこし経つと硬直が始まるので、その後に姿勢を変えてあげることが難しいからです。

亡くなる直前まで元気に動いていた方ほど硬くなります。ご家族のなかには、「こんなに硬くなってしまって……」と悲しまれたり、驚かれる方も少なくありません。そんなときには、「硬直はご本人が元気であった証拠なんですよ」とお伝えしています。元気だったことを教えてくれているんですよ、と。

納棺師は、もちろん硬直を解く方法を知っています。一般の方には、いくら力の強い方でも難しいと思います。これにはコツがあって、まるで生き返るように解いていくことができますし、それを意識しています。

硬直を解いていると、ご家族から「あら、硬直していないんですね」なんて声を掛けていただくこともありますが、実際にはガチガチになっています。

この処置には全身の力を使います。うまく重心を移動することで、見た目にはさらりと硬直を解いているように見えるようです。そんなわたしの姿を「マジックみたいだ」と驚いたお子さんがいました。

時にはわたしのような納棺師に対して、「何ができるんだ」と疑問をぶつけられる方もいらっしゃるのですが、硬直を解いていく姿を見ると一転、まじめな顔で、

「オラにできることは、何でもいってくれ」

と、おっしゃっていただけたりします。

納棺の処置全般にいえることですが、わたしが特に心がけていることは、「これから何をするのか」をしっかりお伝えすることです。

ご家族の不安や、警戒するお気持ちをやわらげるためにも、「勝手に何かされてしまった」とお感じになることがないように、しっかり説明をさせていただきます。

参加型納棺では、ご家族と一緒に硬直解きをすることもあります。そんなときは、特に指をお願いいします。指に触れた瞬間、その硬さに驚き、涙を流される方が多いです。でも、身体の仕組みと解き方をお話ししていくと、ご家族は一生懸命に取り組んでくださいます。

旅支度の意味をお話しし、理解していただいたときには、とてもよい顔をされます。みなさんでお願いできますか、とお声をかけると、すぐに故人のそばに寄ってきてくださいます。

納棺の時間は、ご家族がひとつになる時間です。亡くなられたご本人を、真ん中にして。

水疱や死斑は、なぜできるのか

故人の姿は、時に想像もつかない状況になることがあります。背中や腕、足などの身体の下になる部分に水疱ができることもそのひとつ。背中一面にでき、割れて、大量の水分が出て、敷き布団が濡れることもあります。これも、死後経過の過程でしばしば起こることです。

水疱は、最後まで点滴を頑張られて、水分を外に出せなくなったことが多くの原因です。だから、ご家族には、

「頑張られたんですね。一生懸命に闘われたんですね」

と伝えます。

死斑を初めて見たというご家族も少なくありません。その異様な色に驚かれます。

「これはアザなどではなく、みなさんに、急なことだったんだ、それまでは元気だったんだよ、と教えてくれている証なんです」

死斑も硬直と同じように、急であればあるほど色は強く出ます。死斑を見るだけ

で、ご家族が深い悲しみに落ちてしまうことが多くあります。でも、大丈夫。変色部分は、処置によってわからないように復元することができます。

わたし自身、さまざまな経験から、なきがらと対面させていただくことでわかることが増えてきました。苦しい思いをしながら亡くなられたのか、そうではなかったのか。病院でどのくらい頑張られたのか。どんな亡くなり方をされたのか……。

肌や舌といった身体の様子や、死斑や硬直など亡くなった後に出る症状から、わかることがたくさんあるのです。

故人の変化していく姿を目《ま》のあたりにしたご家族から、こんな声が上がることがあります。

「この世に未練を残しているんじゃないか」

誰かがそんなことをいいだすと、収拾がつきません。賛成する人、反対する人、故人の前で大討論になるのです。そして最後に、よく納棺師のわたしに振られます。

故人が亡くなるとき、どんな状況だったのか。どんなことを感じていたのか。ご家族にとっては、とても知りたいことだと思います。わたしも、できるかぎりお知らせしてあげたいと思います。でも、誰もが安らかに逝《ゆ》かれるわけではない。苦しまれたかもしれない、と感じることもあります。

わたしは、なきがらの状態から痛かったことや苦しかったことが伝わってきたときは、故人とふたりだけの話にします。そして、苦しかったことがわかれば、「頑張り屋さんだったんですね」。痛かったことがわかれば、「みなさんに、応援をしてくれてありがとう、とおっしゃっているみたいです」と伝えます。「故人はみなさんに、伝えたい感謝の思いがあるのかもしれないですね」ともよくいいます。

そうすると、恨《うら》みや呪《のろ》い、未練といった言葉は出なくなります。本当は、誰もがそんな話はしたくないのです。

わたしがなきがらと接していて感じること。それは、どんな故人も、おひとりおひとりが、一生懸命生きるとはこういうことだ、と教えてくださっているということです。

おまえは一生懸命に生きているか、といつも問われている気がします。

故人と会話する

「おばあちゃんとチューしているみたい」

現場でお子さんに、そんなふうにいわれることがあります。そのくらいの距離にまで接近して、わたしは故人の処置に向かっているようです。

「ないしょの話をしてたのよ。何を話していたか、聞きたい？　どんな飲み物が好きだったか聞いてたんだけど、知ってる？」

こんなふうに返すと、子どもたちはすぐに協力してくれます。たいていは、故人がかわいがっていた子だったりするからです。わたしのそばでお手伝いをたくさんしてくれます。まさに、優秀なアシスタントを務めてくれるのです。

暑いなかの納棺では、わたしの汗を拭いてくれる子どももいます。肌をごしごしこすられると、わたしのお化粧はすっかり取れてしまいます。ファンデーションが取れ、眉毛《まゆげ》までなくなって、すっぴんになったわたしが笑いの輪の真ん中にいたこともありました。

黙々と処置をしていると、大人からはこんなふうにいわれます。

「亡くなった人と会話をしているみたいね」

これは、実際にそうなのです。なきがらを通じて、故人とお話をしているのです。お顔のマッサージをしていると、「ああ、このあたりにお顔のポイントがある」と教えられる。笑いじわを追いかけていくと、生前の表情につながる大事なところがわかってくる。死化粧も、まるで故人に導かれるようにしていることがよくあります。ですから、わたしもたくさん故人に話しかけます。

「本当に頑張られたんですね。ご家族はその頑張りを見てくださっていますよ」

「痛かったことでしょう。でも、もう痛くないですよね。いいお顔で、ご家族に見送ってもらいましょうね」

また、故人に向かうわたしに、こんな言い方をしてくださった方もいます。

「亡くなった人に、どうしてそんなに優しくできるの？」

経験豊富な納棺師や、この仕事に関わっている人たちは、みんな優しいとわたしは思います。あるとき聞いた大先輩のこんな言葉が、わたしの原点にはあります。

「亡くなった人は、身体の状態からいろんなことを教えてくれる。ひとつも見逃さないであげてね」

あのときから、もっともっと故人をちゃんと知りたい、知らなくちゃ、という思いが強くなりました。

「その人らしさが、一番ご家族が求めることだから」

ご家族が求める故人であってほしい。そんなふうに考えていると、いろんな行動が自然に出てきます。たとえば、ご家族に手を取ってもらうときには、自分の体温で故人の手をあたためて、その上にご家族の手を乗せます。故人とご家族とをつなぐキューピッド役です。

肌の質感も、手の大きさも覚えておいてくださいね、と声をかけます。火葬が控えています。そうすれば、かたちはなくなってしまいますから。

でも、かたちがなくなっても関係は何も変わらない。故人はいつまでもご家族にとって大事な人。一緒に生きていく人、なのです。

なきがらがうなる

「なきがらがうなる」ことがある。わたしも聞いてはいましたが、最初に体験したときは本気で驚きました。仏衣への着せ替え中に、なきがらが「うぅ」と……。でも、怪奇現象ではありません。故人の身体を起こすことで、たまっていた胃のなかのガスが、気道を通って声帯に触れ声になる、というメカニズムです。滅多《めった》にありませんが、たしかにあるのです。

あるとき、このうなりで現場は大混乱となりました。ご家族は、突然声を上げた故人に泣きすがりました。

「まだ生きてる！」

「起きて！」

大きな声で名前を呼んで、身体を何度もゆすります。その声を聞いて、次々に人が集まってきます。

亡くなったことを、まだ受け容れられていないご家族。奇跡が起こるのを信じて、生き返るのを待っている姿は切実でした。やっぱり、大事な大事な、家族なのです。名前を呼び続け、身体をゆすり続ける。でも、声は二度と発せられませんでした。見ていて本当に切なくなりました。

故人は本当に愛されていたんだな、とあらためてわかりました。わたしは懸命に涙をこらえていました。

「生きているかもしれない。納棺はやめてほしい」

そんな声が上がることもあります。

わたしは偶然を大切にしています。偶然は必然だと思ってきました。それは子どもの頃、おじいちゃんやおばあちゃんから教えてもらったことでもあります。だから、そんなときには手を止めて見守ります。ご家族は喜び、好きなように故人に触れます。

しかし、亡くなった事実を変えることはできません。まもなく現実に気がつき、本当に淋しい顔をされます。わたしは納棺を再開しつつ、伝えます。

「ありがとう、と最後にみなさんに伝えたかったのではないでしょうか」

自分をずっと好きでいてくれますように、といっているんですよ、と。

ちなみに、別の納棺のときには、うなりだすと、みんなが逃げだしました。

「いつも怒られっぱなしで、また怒られるのかと思った。かあちゃん、脅かすなよ。勘弁、勘弁（笑）」

参列者に大笑いされて、ご家族は照れ笑い。そんな現場もありました。

特殊遺体とウジ

　警察を経由して運ばれてくるなきがらがあります。たとえば、交通事故、転落死、孤独死、自死などの場合。なきがらは特殊遺体《とくしゅいたい》と呼ばれますが、この場合もわたしは、感染予防、復元、グリーフケアと、通常と同じように納棺の処置を進めます。

　ひどい状況のときもあります。しかし、復元できることが多い。残されたご家族が再び立ち上がる力を持てるようお手伝いするためにも、復元処置とコミュニケーションはとても大切なのです。特殊遺体の場合は、ご家族が「元に戻った」と認識できることだけでも、心のケアになることが少なくありません。

　どうしても直視できなかった死を、真正面から見据《みす》えられるようになる瞬間。納棺師のわたしも、肩の力が抜ける瞬間です。

　わたしのこだわりは、「その人らしさ」と「微笑み」。ご本人を「変えてしまわない技術」であること。

「そうそう！　生きてるときそのままです！」

納棺の現場で泣きながらご家族にそういわれたとき、実はなきがらの状態に相当なショックを受けていたわたし自身の心も昇華します。わたしも人間です。感情があります。悲しい現場、つらすぎる現場、感動して涙する現場、ミッションの高い現場など、表には出さなくても、心は揺れ続けています。

いつしか、ウジがわいているなきがらでも復元するようになりました。変わり果てた姿。強烈なにおい。これでは、家族は死を受け容れる感情にたどりつけません。見たことのない、想像もしなかったその人の姿を目の前にし、「誰か元に戻して」と泣かれる。それを「できない」といえないわたしがいて、今の技術は進化してきたのだと思います。ミッションの壁の高さは、不可能を可能にする。本当にそう思います。

ご遺族の思いに応えたい。故人を元に戻して、家族の記憶に残してあげたい。ただ、その思いだけです。変わり果てた姿が元に戻り、「大好き」「愛してる」という言葉が出てきたとき、肩の力がすーっと抜けます。故人とご家族の幸せの記憶を少しだけ、分けていただく瞬間です。その瞬間のために、特殊遺体にもわたしは向かいます。

溺死と自死

悲しい対面になることが多い特殊遺体に、溺死《できし》があります。人は溺れ死ぬと、風船みたいに膨らみます。腐敗ガスが発生し、おもかげがすっかりなくなってしまう。

死後処置の際に顔が膨らんでいたら、ガスかもしれない、と用心します。ガスの場合、目から血の涙が出ます。皮膚《ひふ》の下が、熟《う》れたトマトや柿のようにブニュブニュとしていたら、腐敗ガスの証拠です。

溺死によって腐敗ガスが発生し、変わり果てた姿を初めて見るご家族は驚き、ショックを受けられます。もちろん、溺死でも、できるだけ生前に近い顔にお戻しします。しかし、処置の後でガスが発生したら、ふたたびおもかげをなくしてしまう。

ですから、処置の前に十分な説明をします。腐敗ガスの発生で予測される変化をお教えします。ガスによる急な変化の前は、ご本人の身体から、いろんな信号が出るのです。信号が出たら、すぐに来ますからお知らせください、と伝えます。

もうひとつ、悲しい対面になることが多い特殊遺体に、自死があります。自死も、その姿からご家族を深く悲しませることが少なくありません。たとえば、首つりのなきがらがどのようなものか、それを知れば自死も減るのではないか、と思えるほどです。首がぎゅっと伸びて、舌がベロンと出ます。

何より切ないのは、故人を確認したご家族のショックの大きさです。見たこともない、びっくりするような家族の変化を見なければならない。わたしでも気を失うかもしれません。だから、記憶のすり替えをしてあげたい。もちろん復元します。縄の痕も、長く飛びだしてしまった舌も、鬱血《うっけつ》して変わってしまった肌の色も復元します。

復元前と復元後では、ご家族の反応はまったくちがいます。変化した状態を見ているからなおさら、近づいたり、触れたり、すがったりされる。ご家族が、自分の足で故人のそばに向かう姿を見守ります。

若い人にはよく、自死をすると真《ま》っ裸《ばだか》で検死されることになるんだよ、と伝えます。お父さんにもお母さんにも検死される先生にも、見られたくない身体のすみずみまで見られちゃうんだよ、と。それが法律で定められたルールだから。

自死がもつそんな一面も、多くの人に知ってほしいと思います。

警察の方に感謝を

自死はしないほうがいいよ、というとき、もうひとつする話があります。

首つりは、ロープが当たる場所が悪いと、とんでもなく苦しむのだそうです。舌も出ますが、ウンチもおしっこも全部出ます。ときには眼球が飛びでることもあります。

もし、発見されずに日にちが経ったりすると、さらにひどいことになります。現場が屋外なら、身体にハエが卵を産みます。二日目には、ウジ虫が生まれます。カラスにも狙われます。やわらかい耳、鼻、唇などは、鋭利なくちばしでつつかれ、食べられてしまいます。一か月も経過すると、首と胴体《どうたい》はもげて、下に落ちます。

これが、首つり自殺の現実です。実際には、多くの人がご存じないのではないでしょうか。

そして、こんなとんでもない状態になっていても、特殊遺体として警察に運ばれます。ということは、誰かが発見し、処置がなされるということです。だからこそ、たくさんの人々にぜひ知っていただきたいのは、警察のみなさんの頑張りなのです。

これは自殺に限らず、事故や事件でもそうなのですが、悲しい対面のとき、いつもすぐそばにいるのが警察の方々です。ご家族の悲しみをすこしでも減らすため、心を砕いていらっしゃる方を何人も知っています。

交通事故のなきがらも、自殺でひどい状態のなきがらも、最初に身体の汚れを洗ってくれたり、ウジ虫を退治してくれたりするのは、警察の方々なのです。

わたし自身、警察で処置をすることもあります。そんなときには、「元に戻してくれてありがとう」と刑事さんからいわれます。警察の方も、亡くなられた方に対する思いは深いのです。

復元を、刑事さんが目をウルウルさせて見守ってくださることもあります。

「ぼくもその処置を覚えて、ご家族のもとに帰してあげたい」

「目も閉じてあげられず、悔しい思いで見送ることもある」

そんなふうにおっしゃる、やさしくて情の深い刑事さんが、とても多いです。

警察で処置を終えると、「ありがとうございました。おかげさまでした」と忘れずにお声がけします。

警察の安置室は、実はプロとして日々闘う方々のオーラと、いたわりの心と、やさしさがあたたかく包みこんでいる場です。
本当に本当に、いつもありがとうございます、警察のみなさん。

ぬくもりは、家族のなかにある

亡くなった後、人間の身体には刻々と変化が起こります。しかし、どんな状態であっても、復元することはできます。プロとして、できなければならないと自分に言い聞かせてきました。

たとえ死後何日も経過して、やわらかい部分が崩れ落ち、白骨が出ていたとしても、白衣とマスクで復元に挑みます。

ウジ虫の居所はだいたい想像がつきます。眼や口、鼻のなかなど、やわらかなところ。ですから、特殊な薬剤で退治して処置します。ご家族と対面しているときに、ソロリと出てきたりしたら大変なことになりますので、そんなことがないよう細心の注意を払います。

白骨化が一部進んでいたとしても、手で触れてマッサージをしているうちに、生前のおもかげが浮かび上がってきます。どんな特徴をお持ちなのか伝わってくるのです。

乾燥、陥没、脂肪の復元には、脱脂綿やワックス、クリームを使います。

もしかしたら、故人がわたしの手を動かしてくれているのかもしれない、と感じることもよくあります。

「ほら、こんな顔なんだよ。こんなふうにしておくれ」

一心不乱に復元に向かっていると、どこからかそんな声が聞こえるような気がします。わたしも、

「いいお顔でご家族の方にお会いしましょうね。みんなも待っていますよ」

と話しかけます。

しかし、どんなに心と技術を尽くしてもできないことがあります。それは、ぬくもりを感じさせてあげること。ぬくもりは、家族のなかにあるからです。

プロである以上、それをコミュニケーションにおいて、どこまで感じ取ってもらえるか、その場に生みだせるか。それが勝負だと思っています。

二、三歳の小さなお子さんに助けられることもあります。ご年配の方から教わることもあります。故人を大好きで、愛していた方の行動や情報はとても大切なものです。

肉体はいつかなくなります。納棺の後には、火葬が控えています。

身体があるうちのお別れは、この間にしかできない。どうか後悔しないでほしい。ぬくもりを、故人との間で共有してほしい。たくさんの想い出を分かち合ってほしい。故人へ思いをはせてほしい。そう心から思っています。

誰もが、いつかは送られる立場になります。みなさんは、どんなふうに送ってもらいたいですか。

わたしは、笑顔で、楽しい雰囲気のなかで、送ってもらいたいと思っています。ちょっとだけ悲しんでもらったあとに。

第三章　見送りの現場で

喪主さんの頑張り

ほとんどの人が、一生の間で数回しか経験しない。それが、葬儀の現場かもしれません。

そこに毎日のようにおうかがいしているのが、わたしたちです。

葬儀会社の方にご連絡をいただいて、現場で真っ先にご挨拶《あいさつ》をすることになるのが、家族や親族の代表を務められている喪主《もしゅ》さんです。

どの現場でもそうなのですが、この喪主さんの頑張りには本当に感動します。しかし、絶対に忘れてはいけないことは、この喪主さんこそが、最愛の人を亡くし、一番の悲しみに包まれていることが多いということです。でも、自分が喪主だからしっかりしなくちゃ、きちんとしなくちゃ、恥ずかしくないように見送らなくちゃ……と、いろんな思いでいっぱいいっぱいになっていらっしゃる。

わたしに納棺を依頼してくださる葬儀会社さんは、そうした喪主さんの気持ちを痛いほどわかっておられます。だから、ご依頼をいただく際、喪主さんが一生懸命であればあるほど、「せめて納棺の時間には、故人とのお別れの時間をじっくり作ってあげましょう」といわれます。

現場にうかがうと、喪主さんは誰よりも気を張っていらっしゃる。もちろん、その意識はとても大切なのですが、本当の感情を押し殺したまま、死をしっかり受け容れることなくお別れを終えてしまうのではないか、と心配になります。

こういうときには、故人が棺に移る直前、こうお声をかけさせていただいています。

「これからみなさまのお力をお借りして、ご本人様をお棺に移動させていただきますが、その前に喪主さんにお願いがあります。ご本人の手を、一度しっかり握ってあげてもらえませんか」

納棺直前、ようやく少しだけ肩の荷が下りる頃。こうお声がけすると、喪主さんはハッとして、手を握ると泣き崩れ、故人にすがりつかれます。さまざまに感情を吐きだしてくださる。これが大切なのです。

まわりの親族のみなさんも、あたたかく見守ってくださいます。そして、喪主さんとまさにひとつになって、支えてくださるのです。

隠し銭

葬儀の現場は、故人への愛情がほとばしる現場です。印象的な想い出が、たくさんあります。

たとえば、地域によっては納棺の時間に「隠《かく》し銭《ぜに》」を故人に持たせてあげることがあります。意味や形、持たせる場所はさまざまですが、ご家族の気持ちは同じです。

隠し銭にはいろいろな方法があるようですが、わたしは折り紙を渡して、ご家族にこうお伝えしています。

「ご本人に持たせて差し上げたい金額を書いてあげてください」

みんなで紙を回して、それぞれに書く人もいれば、代表で喪主さんや息子さん、娘さんが書くこともあります。

さて、みなさんはどのくらいの金額を書かれると思いますか。

一万円くらい？　五万円？　百万円？

いえいえ、だいたい平均が一億円です。故人に対するご家族の愛情がどれほど大きなものか、ご想像いただけると思います。

なかでもわたしが今も忘れられない隠し銭があります。高齢のご主人を亡くされた、やはり高齢の奥さま。いつものように、折り紙を渡して書いて差し上げてくださいと申し上げると、

「字など、ずいぶん書いていません。それに、手が震えてうまく文字が書けないんです」

それでも、奥さまは折り紙に向かわれました。一生懸命に慣れないペンで文字と格闘している奥さま。

やがて、わたしに手渡された折り紙には、震える文字で、大きくこう記されていました。

「におく円」

胸がギュッとなりました。

漢字がよくわからなかった。それでも、ご主人に持たせてあげたいと思われたのだと思います。懸命の隠し銭でした。素敵でした。

また、母を亡くされた、こんな息子さんの言葉もよく覚えています。

「お母さん、一億円って書いといたよ。重くてごめんな。でも持って行ってな。やっと最後に親孝行ができたような気がする」

ご親族からすすり泣きの声が漏れました。

故人のことを考えて書く、という行為は、あらためて故人に向き合うということ。日本に伝わる、すばらしい伝統だと思います。

ビスコ

納棺の際には、ご本人が好きだったもの、好きだったことを必ずお聞きしています。

「好きなもの？　ラブラブだったから、オレだべよ」

なんて喪主さんがおっしゃることもあります。

お好きだった飲み物で、「末期《まつご》の水」をさせていただくこともあります。食べ物は、口のなかに含ませて差し上げることもあります。

それにしても、お好きなものというのは本当にさまざまです。柿ピー、チョコレート、ケーキ、甘納豆、飴《あめ》、サラミ、蒸したおいもや珍味……。仁丹《じんたん》、なんて答えもありました。

一度、「ビスコ！」という声がご家族から上がって、

「実はわたしも大好きで。おいしいですよね」

と思わず答えてしまったこともありました。

「火葬の日までにご準備いただければ、お棺のなかに一緒に持たせて差し上げられますよ」

とお伝えすると、実はもう買ってある、とのこと。さすがです。折り紙に包んで、合掌した手にビスコを持たせて差し上げると、

「これは、本人もうれしそうだなぁ」

と、ご家族もご親族もとても喜んでくださいました。そこから、故人をめぐるお話に花が咲きます。

「いい顔をして、おいしそうに食べていたなぁ」

故人の楽しい顔、うれしい顔を思い浮かべると、自然にみなさんいいお顔になります。

あれが好きだったんじゃないか、これだったんじゃないかというディスカッションは、それはすばらしい時間です。飲む真似、食べる真似をして「似てる！　似てる！」と大きな笑いを取る方もいらっしゃいます。あんな考えを持っていた、こんな人だった……。わたしの知らない故人を、そこで教えていただきます。

生きざま

なきがらからは、その人の生きざまが伝わってきます。

わたしがとても好きなのは、田んぼや畑、庭いじりが好きだったという高齢の方の顔のシミです。納棺にうかがったときには、

「素敵なシミですが、どうしますか。お化粧で消しますか、それとも活《い》かしますか」

と必ずお尋ねするようにしています。すると、そのシミが、暑い日も寒い日も、懸命に働いておられた姿を思い起こさせるのでしょう。お子さんたちは、そのシミに触れながら、

「お母さん……」

と涙を流されることが少なくありません。結果的に、ほとんどの場合、シミを活かします。

ある農家の高齢の男性の納棺では、爪のなかに入り込んでいる土をきれいに取る

か、取らないかの話し合いが行われました。親戚や知人の方々は「取ってほしい」といいます。でも、ご家族は「そのままがいい」というご意見。最後は、爪のなかに土がいっぱい詰まった故人の手を、愛おしそうにさすって握りながら、奥さんがいいました。

「わたしはこの手が好きなの。お父さんはね、この手で一生懸命働いたの。爪にはいつもいつも土が入ってた。これがお父さんなの。これでいいの……」

その言葉に、ご家族が思わず嗚咽《おえつ》をもらしました。息子さんは、我慢できずに男泣き。

わたしは、清拭はしました。でも、爪の土はそのままにしました。棺のふたをしたときに、棺の窓から合掌した故人の手が、ちゃんと見えるように配慮しました。

残されたお子さん、お孫さんたちも、農業のお手伝いをなさっていたのでしょう。真っ黒に日焼けされていました。みんなで棺の窓から真剣にのぞきこんでいる姿から、故人がいかに家族から尊敬されていたか、よくわかりました。

「じいじ、ありがと……」

お孫さんは、窓のフィルムに息がかかって、真っ白になるまでおじいちゃんを見つめていました。

「土をとってほしい」といわれていたご親族も、やさしい顔で見守っておられました。

あのね、実はね

納棺のとき、「あのね」「実はね」「本当はね」と、ご家族がわたしにお話をしてくださることがあります。わたしがいつも思うのは、こんなとき、ご家族が伝えたい相手は本当は故人なんだろうな、ということです。

ご家族が表に出す表情や言葉は、礼儀上のものだったり、時として仮面であることもあります。反対のことをいっておられたり、心で思っていることにつなげようと模索する言葉だったりします。

そこにどれだけ気がつけるか、わたしは集中して雰囲気を読みながら、返事がいらないような語りかけをさせていただくこともあります。的を射ていれば、人は一瞬で表情が変わります。この人はわかっている、と思ってもらえる。その瞬間から信頼関係が芽生えます。本当は故人にしたかったお話も、してもらえるようになります。わたしに話すことで、故人に伝わったと認識してくださるようになります。

もちろん、簡単なことではありません。できるだけ的確に、できるだけ早く、さりげなく察することができるようになるには、日々の研鑽《けんさん》が必要です。

どうしてそんなことをするのか。それは、そうすることが故人とご家族のためになると信じているからです。納棺の時間は、ご家族が緊張しないように、そして良い記憶として残るように、故人にまつわる盛りあがりそうな雑談を交えて、ご家族ひとりひとりに話を振ってみたりします。そうして、ご家族の表情がどんどん良くなっていくことが、この仕事の醍醐味《だいごみ》です。ご縁をいただけて良かった、と思います。

そういえば、ある女性の納棺で一通りの儀式を終え、棺のふたを閉めたら、みなさん泣きだしてしまい、わたしも切なくなって、もう一回開けてしまったことがありました。

「開けてくれるのぉ」と、みなさん泣いて喜ばれて。

もう一度、みんなで故人に話しかけたあと、まだ幼い娘さんが突然、

「お母さん、ありがとう」

とそっとキスをしました。その姿が本当にいとおしくて、かわいくて。

仕事中は絶対に泣かないわたしも、思わず涙してしまいました。

開けてあげてよかった、と思いました。

オレのせいだ

死に向き合わなければならない。でも、できない。

葬儀の現場には、そんな葛藤を抱える方が潜んでいることがあります。特に、故人の死に関わってしまった、などの事情のある方です。こういう人にきちんと目を向けなければいけない。わたしはそう思っています。

ある現場で、葬儀会社さんから一言、伝えられました。

「おじいちゃんの様子がおかしいから、ちょっと見てあげてもらえませんか」

亡くなったのは、小学生の男の子。かわいそうに、夏の海で雷《かみなり》に打たれ、搬送先の病院で息を引きとったのでした。その子を海に連れて行ったのが、おじいちゃんだったのです。

ずいぶん自分を責めていたようです。お会いしたのは、亡くなった翌日。一睡もされていない様子でした。

お孫さんを担当する納棺師です、と近づいて話しかけても、ほとんど無言です。

ほかのご家族と距離を置いて、思いつめたようにたたずんでいたおじいちゃんに、わたしは「そばに座ってもいいですか」とお聞きして、黙って腰かけていました。しばらくして、ようやく出てきた言葉が「オレのせいだ」でした。そのあと、ポツリポツリと、事故の話を聞かせてくれました。

海でにわかに雲行きがあやしくなり、消防署の人が来て、上がるように指示したそうです。しかし、間に合わなかった。一瞬の出来事でした。

近くにいたおじいちゃんも雷の衝撃で洋服のポケットが破け、持っていた巾着《きんちゃく》も底が抜けたそうです。それでも、直撃はまぬがれました。海になんて連れて行くんじゃなかった、と悔いておられました。お孫さんが、亡くなるまで苦しんだんじゃないか、と悲しんでおられました。

そしてもうひとつ、つらいことがあるといいました。家族の誰もが自分を責めない、というのです。責めてくれたほうがよほど楽なのに、と。

おじいちゃんは、まだなきがらと対面できていませんでした。ご家族の顔もまともに見られない状態でした。

さらに、気になっていることがあると教えてくれました。

男の子に雷が落ちたとき、おじいちゃんのほうを見て、目をガッと見開いたというのです。あれはどういう意味だったのだろうか、と。わたしはいいました。

「おじいちゃんを確認したのではないですか。そばにいてくれている、ということを。それに、お孫さんは一瞬で意識を失ったはずですから、苦しむことはなかったはずです。最後の一瞬、目に映ったのがおじいちゃんの姿だった。それで安心して逝かれたとわたしは思いますよ」

そうか、苦しんでいなかったのか、と初めておじいちゃんの表情が崩れました。

「おじいちゃんがこうして愛し続けていてくれたことは、必ず伝わっています。だからこれからも、変わらずに愛し続けてあげてください。大好きなおじいちゃんなんですから」

おじいちゃんは泣き崩れました。

オレのせいで死んだのに、ずっとおじいちゃんでいていいのか。オレが代わってやれば良かった……と。でも、こうもいわれました。もしこれが運命だったら、最後に一緒にいてやれて良かった、と。

言葉に出すことで、人は心の整理ができます。言葉には、そういう力があります。

「わたしからもいわせてください。ずっと彼のそばにいてくれてありがとうございました。彼は一人ぼっちじゃなかったんですから」

どうしても見られなかったというなきがらにも、復元したあとで対面してもらいました。

涙を流しながら、おじいちゃんは最後のだっこをして、男の子を抱きしめました。この姿に、家族も泣きました。男の子はおじいちゃんが大好きだったことを、家族の誰もが知っていたからです。

誰も悪くないのです。ひとりひとりの存在があったからこそ、これまでの楽しかった時間があり、今があるのです。納棺のときには、いつもそう伝えます。亡くなった人のためにも、そう信じてほしい。そして、笑って送ってほしいと思います。

花火とソフトクリーム

もうひとつ、忘れられない現場があります。亡くなったのは、心臓の難病を患っていた六歳の男の子。手術をすれば、将来的に寿命が延びるかも知れないといわれて、お父さん、お母さんは共働きで手術代を工面しようと懸命に仕事をされていました。

そして、育ての親になっていたのがおばあちゃんでした。入退院を繰り返す子どものそばには、いつもおばあちゃんが寄り添っていたといいます。

こんな小さな子どもの納棺は、つらくてとてもできる人がいない、と葬儀会社さんからわたしは呼ばれたのでした。

病気の影響もあったのかもしれません。小さな小さな、なきがらでした。訪ねると、お母さんが子どもを抱いてはおろし、抱いてはおろし、抱いてはおろし、されていました。それはもう切ない光景でした。

子どもは産毛《うぶげ》を剃《そ》ったりせずにマッサージクリームをつけて保湿をするのですが、

頬《ほお》に色を差し、髪の毛をととのえると、ますますかわいい男の子になりました。お母さんが何度でも好きなだけだっこできるように、ドライアイスが取れにくいように工夫をしました。

男の子をだっこしながら、お母さんはいいました。死んでしまうんだったら、もっとこの子のそばにいればよかった……と。わたしは、いわなければいけないと思いました。

「でも、誰のために働いていたかといえば、この子のためだったんですもの。お母さん、お子さんはちゃんとわかってくれていると思いますよ」

こういうとき、お父さんはなかなか近寄れません。現実をすぐに受け容れることが難しいのが男性なのです。そこで、お母さんからお父さんになきがらを手渡してもらい、ようやくだっこしてもらうことができました。お父さんは、声を殺して泣かれました。

そのとき、わたしが気づいたのが、遠巻きに見ているおばあちゃんの姿です。近づいて、「だっこしますか」と聞くと、いやいい、といわれる。わたしは、少し話をしなければいけないと感じました。

世間話から始まって、やがて男の子が亡くなる前日の話になりました。

男の子は、花火とアイスクリームが大好きだったそうです。その日は花火大会があって、花火を見ながらアイスクリームを食べるという、生まれて初めてのうれしい経験をしたのだそうです。

もう一度発作が起きたら命が危ない、と医者にいわれていました。男の子は、そんなうれしい体験のさなかに発作を起こしてしまいました。

おばあちゃんはここで、どうしても誰にもいえなかったことがある、と教えてくれました。

発作が起きてしまったとき、男の子はおばあちゃんの胸のなかで、こういったというのです。

「おばあちゃん、心配いらないから。病院に行けば、先生がいるから大丈夫だよ。必ずぼく、家に帰ってくるよ。だから待っててね」

六歳なのに、生活のなかに病気と闘うことがあったから、小さな身体だったけど強い子だったと。苦しかっただろうに、気丈《きじょう》に自分を気遣ってくれたと。だから、おばあちゃんは死を受け容れるわけにはいかなかったのです。お孫さんのために懸命に働いていた子どもたちのためにも、泣くわけにはいかなかった。

しかし、誰かに話をすると、心のなかで何かが変わっていきます。

「おばあちゃん、抱いてあげてください。おばあちゃんの胸のなかにまた戻れるのを、お孫さんも望んでいるんじゃないでしょうか」

そういって男の子を手渡そうとすると、おばあちゃんは泣き崩れました。

わたしはこの子を愛していたのよ、本当に心から。おばあちゃんはいいました。

やがて立ち上がると、しっかりとした手で、大粒の涙をこぼしながら、男の子をだっこしてくれました。

泣いてはいけない。死を受け容れてはいけない。そんなふうに思っている人も現場にはいる。そこに早く気づいて、本当の自分の気持ちに気づけるきっかけ作りをして差し上げるのも、わたしたちの仕事だと思っています。

あのとき、あんなふうにしておけばよかった、と心残りに思うことがないように。別れのひとときは、かけがえのない瞬間なのです。

触っても、いいのかい

家族に対する気持ちや気遣いが、ときに人を素直になれなくすることも少なくありません。しかし、それは後に深い後悔につながってしまいます。

あるとき、納棺の時間が終わり、故人とわたしと高齢の女性が三人、葬儀会場のホールに残されました。喪主さんはじめ、ご家族のみなさんは別室で食事をとられていました。

「ご本人のお母さま、ですよね」

わたしがお声をかけてみると、ハンカチを手にポロポロと涙を流されます。

「息子さんに触れて、お別れをされますか」

聞けば、息子さんにはご家族があったので、家族中心に何もかも進めるのだろう、と遠慮していたとおっしゃるのです。「触っても、いいのかい」とうれしそうにわたしの手を握られたのでした。

「もちろんです。では、棺のふたを、もう一度開けますすね」

お母さんは、息子さんの顔に触れて、涙を流しておられます。よく頑張ったね、大変だったね、と話しかけていました。

家族の間でも、いろいろな人間模様があるものです。それは、納棺の時間も同じです。実はこのご家族の納棺中、ずっと様子を見ていたわたしは、この時間を作ることを決めていたのでした。葬儀会社の担当者さんも、協力してくれました。

お母さんは、息子さんの想い出をたくさん話してくださいました。自分の気持ちのなかでは、亡くなった主人と息子と一緒に過ごすことになるだろう、とおっしゃっていました。ご主人も、息子さんも、ガンに倒れたのだそうです。

「それでも、わたしにとっては、自慢の息子なんですよ。いつまでも」

お母さんは、おっしゃいました。実は、闘病中にはお母さんに甘えられたこともあったのだそうです。そんな想い出を大切に生きる、とおっしゃっていました。

なきがらと向き合い、触れて、泣きはらした後は、素敵な笑顔を取り戻されていました。人間って、強いんだな、とあらためて思いました。

今の時代は二人に一人はガンになるといわれています。早期発見、早期治療が大切です。わたしの母も子宮ガンでした。ガンが見つかってから手術と治療で三十年以上生きています。

おまじない

死の現場は、悲しみだけではなく、やさしさがあふれている場でもあります。

高齢女性の納棺を終えて家を出ようとしていたとき、参加型納棺でお手伝いをしてくれた八歳の男の子が、外で待ちかまえていました。

「あのね、元気のないときのおまじないを教えてあげるよ」

何をするのかなぁ、と眺めていたら、彼は空に向かって両手を大きく上げました。

「こうやって手を広げると、幸せが天から降りてくるんだよ。やってごらん」

わたしは、真似をしてやってみることにしました。すると、意外に気持ちいい。

彼が続けます。

「うん、上手だね。そうしたら次に〝しんこ〟してごらん」

しんこ？　深呼吸のことでした。

「うん、これでね、いいことあるよ。それとね、これあげるから」

やわらかくて、あたたかい手のなかに包まれていたのは、一粒の飴でした。

「おばあちゃんがね、教えてくれたんだよ、このおまじない。絶対にいいことがあるし、元気が出るよ」

おばあちゃんとは、この日の故人でした。わたしは、故人にお会いできたような気がしました。お孫さんを大事に、かわいがって育ててこられたことが、手に取るようにわかりました。そしてそのやさしさが今、わたしに伝わっている。思わずわたしは、彼を抱きしめていました。おばあちゃん、お孫さんは立派に育っていますよ、と空に向かっていいました。

死を経験し、めいっぱい尽くした後のご家族は、年齢に関係なく、故人と同じくらい尊い姿になれるとわたしは感じています。

あるとき、三年連続で葬儀の場で会うことになった二十代前半の女の子がいました。おばあちゃんとおじいちゃんとお母さんを立て続けに亡くしていました。彼女は納棺を終えたわたしを追いかけてきて、泣きながらこういいました。

「短い間に三人も亡くして本当につらかった。でも、毎回いっぱい触れて、やってあげたかったことを全部やってあげられたから、ひとつも後悔していません。死の体験が切ないほど、わたし、人にやさしくできるようになりました」

わたしは思わず彼女を抱きしめて、一緒に泣きました。死を受け容れようとする姿が、そこにしっかりとあったからです。彼女はいいました。

「死は不幸なことじゃないよって、さっき親戚にいってきました。最初のときよりも、強くなったでしょ、わたし」

彼女は、とてもきれいな目をしていました。

死は、亡くなったご本人が、身をもって愛する家族に大事なことを教えてくれる機会。学びのチャンスでもあるのです。

わたしがとても残念に思うのは、死の現場、葬儀の現場を深く知ろうとしないで、まるでひどい出来事のようにいう人がいることです。他人の心ないひとことで、ご家族の心は傷つきます。

死は不幸なことじゃない。死に携わる仕事をしている人は、みんなそれを知っています。

第四章　天使たち

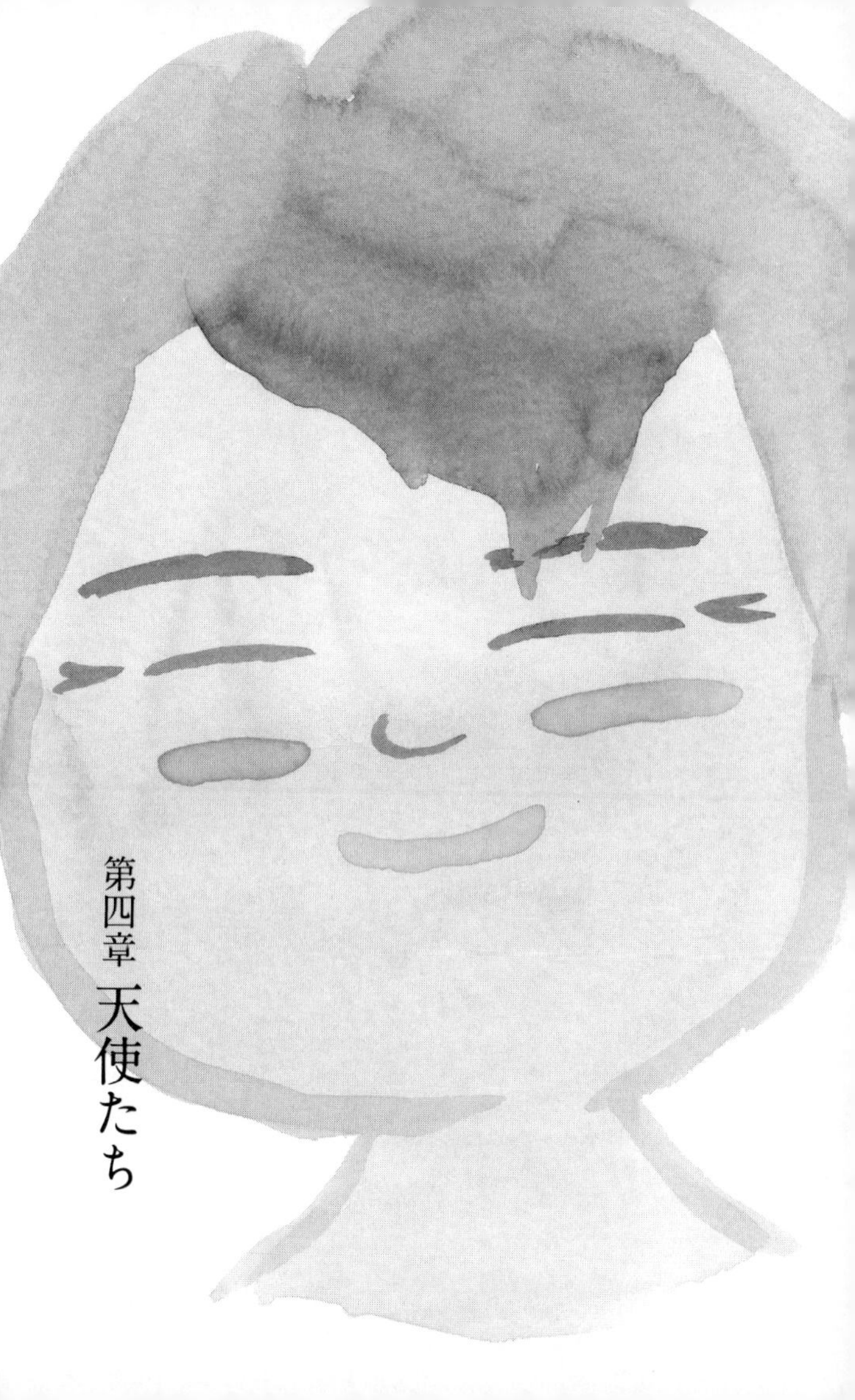

おじいちゃんにキック

社会性をそれなりに身につけてきた大人は、死の現場でも気丈にふるまおうとします。

でも、本当は感情をそのままに出したほうがいいのです。そのほうが、死をありのままに受け容れて、次に進んで行くことができる。その大切さを、現場でたびたび教えられます。子どもたちのピュアでストレートな行動から、です。大人の心をふるわせ、大きく感情を揺り動かす。そんな現場の天使たちが、たくさんいます。

ある男の子は、おじいちゃんを亡くしていました。この子が、納棺の時間に、まわりがびっくりするようなことをしてしまったのです。寝ているおじいちゃんの腰元を、足で思いきり蹴り上げたのでした。周囲の人たちは驚き、男の子はお父さん、お母さんに激しく叱られていました。

納棺が終わり、棺のふたを閉めようとしたとき、大きな声が上がりました。

「閉めないで」

男の子でした。わたしはきっと何かある、と思いました。

「うん、わかった。じゃあ、閉めないね」

わたしが答えると、男の子はうれしそうにこう聞いてきました。

「ねぇ、さっき、おじいちゃんを蹴ったぼくをどうして叱らなかったの」

「きっと理由があるはずだ、と思ったから。どうしてなの？」

わたしと男の子の会話を、まわりの大人たちがそっと見守ってくれています。

「おじいちゃんね、ぼくが悪いことをしたらいつも怒ったの。それでね、怒った後にこちょこちょしてくれて、それが楽しくて。ぼくね、おじいちゃんに怒られたかったの。怒られるようなことをしたら、生き返ってくれるんじゃないかと思って」

そう話しながら、大声で泣き始めました。おじいちゃんのことが、どれほど好きだったか。どれほどもう一度、会いたいか……。おばあちゃんが涙を流しながら、男の子を抱きしめました。

感情の表現は、人それぞれです。好きという思いの究極の姿を、ひとつ教えてもらえた気がしたのでした。

三姉妹

目を閉じ、口を閉じて、鼻腔《びくう》の処理をすると、たいてい腐敗臭は消えます。お顔のマッサージをして、肌も保湿し、死化粧をうっすら施すと表情が戻り、処置前の故人とは、別人にようになります。

「おばちゃんは、魔法使いなの？」

よく子どもたちに聞かれます。わたしはこう返します。

「お姉さんだよ（笑）」

あるとき、わたしが故人に向かう姿をじっと眺めている三姉妹がいました。亡くなったのは、大好きなおばあちゃん。

姉妹はまだ小学校にも上がっていない年齢で、本当にかわいいのです。愛情をたっぷり注いでくれたおばあちゃんのいつもとちがう様子に戸惑い、これから何が起こるのか、知りたがっているようでした。

わたしは途中で手を止め、聞いてみました。

「ねぇ、ちょっとやってみる？」

奥にいたお母さんもうなずいてくれています。

道具を渡して、死化粧を教えてあげると、これがもう本当にやさしい手つきでおばあちゃんに向かうのです。ていねいに、慎重に、やさしく。まるで、気持ちのすべてを手先に込めているかのようでした。

わたしはその光景を見ていて、故人のおばあちゃんは本当にうれしいだろうなぁと思いました。三姉妹の死化粧に見とれていると、お母さんもお父さんも親族のみなさんも、ハンカチを手に、三姉妹のやさしい手つきを見守っています。

「おばあちゃん、本当にこの子たちをかわいがっていたから……」

お母さんから、そんな言葉も聞かせてもらいました。

死化粧が終わり、折り紙を渡すと、奥からペンを持ってきて、何やら裏に書いている様子です。見ると、書き慣れない覚えたての大きな文字で、こう書いてありました。

「だいすき」

それを今度は折って、あさがおを作ってくれます。わたしはおばあちゃんの仏衣の胸元にブローチとして付けてあげました。

「おばあちゃん、おばあちゃん……」

声をかけるお孫さんたち。棺のなかのおばあちゃんが、にっこり微笑んだように見えました。

あの世からのお友だち

四歳の男の子は、おじいちゃんの死に大きなショックを受けていました。

「家族もみんなどう接していいかわからないくらいなんです。笹原さん、今日は、あの世からじいちゃんの友だちとしてやってきたことにしてくれませんか」

なんともめずらしい、こんなご要望をいただいた現場がありました。

なるほど、男の子の将来のためにはグリーフケアが大切だと思い、お引き受けしました。とても落ちこんでいる彼に、そっと話しかけてみました。男の子はこう答えました。

「あの世でじいちゃんは苦しんでない？　じいちゃん、ずっと苦しそうだったんだよ。今も苦しんでいるんじゃないかと思って」

顔当ての白い布をはらりとめくると、彼のいう理由がわかった気がしました。苦悶の表情が残っています。彼に、ちょっとおじいちゃんと二人にさせてね、とお願いして、目を閉じ、口を閉じました。それからマッサージで肌のプルプル感を戻して、血色と微笑みを復元しました。それから整髪をして、もう一度、顔当てをお顔にかけました。

わたしは男の子を呼んで、となりに座ってもらいました。ご家族も一緒です。

「これからおじいちゃんに、おまじないをしてあげようよ。おじいちゃんが苦しくならないようにね。だから、いたいの、いたいの、飛んでいけ〜をやってあげてくれる？」

顔当ての上に、小さな手が乗りました。よほどおじいちゃんが心配だったのだと思います。大きな声を、男の子は張り上げたのでした。

「いたいの、いたいの、じいちゃんのいたいの、ぜんぶとんでけー」

次の瞬間、わたしが顔当てを取ると、彼の表情が一変しました。

「わぁー！　じいちゃん、わらってる！　お母さん、じいちゃん、わらってるよ！」

そう叫ぶと、ふとんに突っ伏しました。

「じいじ！　じいじ！　じーいーじ！」

身体の上にのしかかるようにして、じいじを抱きしめていました。純粋なおじいちゃんへの愛情に、まわりから嗚咽がもれました。

子どもは感情がストレートなので、ごまかしはききません。真正面からぶつかるしかありません。

わたしは、あの世から来たじいじのお友だちとして、話をしました。ご先祖様のお話、三途の川のお話、かたちがなくなっても、そばにいてくれること。泣いたりしたときは、見えないけれど、じいじがぎゅっと抱きしめてくれていること、うれしいときも一緒に喜んでくれていること……。

それは、これから待っている「火葬」の「窯に入る」準備のためでもあります。すべての旅支度を終え、棺に移動するとき、男の子はじいじに子守歌をうたってあげていました。

「上手だね」とわたしがいうと、

「じいじがうたってくれたんだよ、いつもね」

棺のふたを閉めるときには、じっとおじいちゃんの顔を眺めてから、

「じいじ、おやすみなさい」

と声をかけました。

おじいちゃんは、最愛の孫に、ずっとそばに寄り添ってもらって、大きな愛情をお土産にして旅に出ることができたのではないかと思います。

葬儀が終わり、担当者の方に電話をかけました。男の子は火葬場でも落ちついていたとのこと。よかった、と思いました。

あの世からのお友だちという大役を、なんとか果たせました。

とっきゅうけん

その日の「納棺師」は、四歳の女の子でした。

故人を清拭していただくときに泣きだしたご家族を、彼女が一人ずつ回って、なぐさめて歩いていました。

「だいじょうぶ、おばあちゃんは、ちょっと寝てるだけだからね」

そんな彼女の言葉が、また涙を誘います。

こんな小さな女の子が、人をなぐさめようとしてくれる。人間ってすごいなぁ、と思います。


別の現場では、おじいちゃんとよくうたった歌を、旅支度の間ずっとおじいちゃんの耳元でうたいつづけている五歳の男の子がいました。

「おじいちゃん、聞こえる?」

「ぼく、ずっと大好きだからね」

と離れようとしません。棺のふたを閉めるとき、おばあちゃんがいいました。

「おじいちゃんは、お星さまになることに決めたんだって」

男の子は、納得した様子で棺のなかをのぞきこみ、おじいちゃんの頬をなでていました。

「お星さまに行く、切符を作ってあげようか」

わたしが尋ねると「うん」と元気に答えます。いつも持ち歩いている折り紙を渡すと、彼はエンピツを取りに行きました。

〈とっきゅうけん　おじいちゃんの〉

彼は自分で書いたお星さまに行く「特急券」を、おじいちゃんが落とすことがないように合掌した手に持たせて、うんうん、とうなずいていました。


おばあちゃんを亡くしたある六歳の女の子は、とても心配なことがある、とわたしに教えてくれました。

「おばあちゃんね、足が悪かったの。天国で歩くのに困らない?」

わたしはひとつの提案をしました。

「じゃあね、おばあちゃんが疲れたとき、背中に乗ってもらえるように、鶴を折ってあげようか」

　ぱぁーっと晴れやかな表情になると、わたしの渡した折り紙を一心不乱に折り始めました。

　やさしい、やさしい、天使たち。たくさんいます。

おしっこ、しーしー

病気などで苦しんで亡くなった故人も、その頑張りを見守ってきたご家族も、子どもたちの言葉で救われることがあります。

背中や腕、足など身体の下の部分にできる水泡。割れて、大量の水分が敷き布団を濡らすこともあります。これも死後経過のひとつですが、ご家族は大きなショックを受けることがほとんどなので、わかりやすく、かみ砕いて説明します。

「長い病気治療で点滴をずっと受けていた場合、水分を自分で外に出せなくなることがあります。それだけのことです。これは、ご本人様が最後まで頑張ってこられた証なんですよ。頑張ることができたのも、ご家族のみなさまがいらっしゃったからだと思います。みなさん、本当に頑張られたのですね」

こうした話は、時に子どもの理解につながることがあります。その素直な解釈が、また本当に素敵なのです。

ある六歳の男の子は、わたしの説明を聞くとおもむろに立ち上がり、おじいちゃんのお腹に小さな手を乗せたのでした。そして、そっとこういいました。

「おじいちゃん、おしっこ、しーしー、してごらん。ぼくが拭いてあげる」

張りつめた空気のなか、絞りだした小さな声が涙を誘いました。男の子は、わたしにいいます。

「あのね、おじいちゃんが、しーしー、っていうと、ぼくは自然におしっこが出たんだよ」

となりにいたお父さんが目を真っ赤に腫《は》らしながら教えてくれました。

「わたしたちは共働きで……。父が育ての親でした。こいつの悲しみを思うと……」

ご家族から嗚咽がもれました。わたしは男の子にいいました。

「さよならじゃないよ。今までと変わらず、ずっとそばにいてくれるから。だって、おじいちゃんだもの、あなたのね」

死を迎え、故人がお別れのときに見せる姿は、最愛の人への最後のメッセージなのかもしれません。生があれば必ず死はやってくる。だからこそ、全力で生きてほしい。人生はいろんなことがあるけれど、笑って生きてほしい。愛される人になってほしい。尊い、尊いメッセージです。

パグ

最近では、ご本人がかわいがっていた犬や猫が葬儀の現場にいることが少なくありません。しかし、忙しいなかで忘れられていたり、納棺の際に隔離されてしまっていることも多いのです。わたしはいつも、こう申し上げることにしています。

「ご本人がかわいがっていらっしゃったのであれば、ご家族です。ご本人のそばにいたいと思います。一緒にお別れをさせてあげませんか」

このペットたちがまた、天使なのです。

自由を与えてもらったワンちゃんやニャンコは、一目散に主人のそばに来ます。まずは顔をのぞきこみ、鼻で、手で、「起きて！　どうしたの？」という仕草をします。困った顔です。それからワンちゃんは「クゥーン」と鳴く。ニャンコは故人に寄りかかって丸くなります。そこから離れようとしません。

納棺が終わると、ワンちゃんやニャンコにもお礼をいいます。すると、ちゃんと目を見て反応してくれます。ワンちゃんは抱きついてきてくれますし、ニャンコはわたしの手にスリスリしてゴロゴロ喉を鳴らします。まるで、故人のお世話をしてくれてありがとう、といっているようです。

わたしはずいぶん、彼らに癒されてきました。

ご家族が都会に出ており、一人で暮らしていた高齢の女性の納棺にうかがいました。

娘さんは、いつも来てくれていた訪問の看護師さんに泣きながらこぼされていました。

「わたしが母を一人ぼっちにしたから、母は一人ぼっちで死んでしまったんです。バチが当たったのかもしれません」

看護師さんは、それはちがう、といいました。

「バチなんか当たってないよ。娘さんが幸せになることが、お母さんの幸せだったんだから。わたしはそれを知ってます。それに、お母さんは一人ぼっちなんかじゃなかったの。この子が看取ってくれたから」

悲しそうな顔で故人の顔を見つめ続ける小さなパグの頭を、看護師さんはめいっぱいなでながらいいました。

「ありがとうね」

フカフカと鼻を鳴らしながら、パグは悲しみを伝えていました。それを見た娘さんがいいました。

「今度はわたしが大事にします。お母さんを看取ってくれた恩人だものね」

狂犬注意

自宅での納棺で、喪主さんに事前にいわれていました。

「狂犬がいますから、注意してください」

玄関を入ると、納棺をするお部屋とは離れたところにある居間からのぞく大きくて黒い影……。なんともつぶらな瞳で、わたしを観察しています。

「狂犬には見えないなぁ」

そう思いながら準備をしていると、遠吠《とおぼ》えが聞こえました。あまりに切なそうな声だったので、喪主さんにお伝えしました。

「ご本人がかわいがっていらしたのでしたら、今日はご家族だけの納棺ですし、ワンちゃんも一緒に、というのはどうでしょうか」

メスの大型犬でした。もし彼女が吠えたら、元通り居間に移動するということになり、納棺が始まりました。すると、普段は吠えてどうしようもないといわれている彼女が、まったく吠えないのです。ずっと故人の顔のかたわらに伏せをしています。

　故人の顔をのぞきこむその表情は、本当に悲しそうです。何度も、鼻でつついて起こそうとします。

「化粧が取れちゃうよ」

　という声も上がりましたが、わたしはいいました。

「化粧は取れても直せます。大丈夫です。存分に好きにさせてあげましょう」

　納棺の流れを説明するわたしの顔を見て、彼女は「ちゃんと聞いているよ」とメッセージを送ってくれていたのでした。

　最後まで立派に故人に寄り添った後、帰ろうとするわたしに彼女がすり寄ってきました。そして、驚いたことに、目の前でごろん。腹を出してみたり、なでろと頭や背中を出したり。ご家族のみなさんも、とても驚いていました。

（きっと納棺のお礼だったにちがいない）

　最愛の人との別れをちゃんとわかっている。その故人を思う人のこともわかっている。

　犬も猫も同じです。駆け引きもない、ただ本当に大好きだという深い信頼関係は、大きな学びを与えてくれます。

オラもそばにいたい

「ばあちゃんはボケてるんだからって息子にいわれてるんだけど、オラよ、迷惑かけねぇから、じいさんのそばにいたい」

涙を流されるおばあちゃんがいました。

認知症は決して恥ずかしいことではありません。むしろわたしにとっては、ピュアに感情を表に出される天使のような存在です。しかし、納棺の時間には、隔離されてしまうケースが少なくありません。まわりに迷惑をかけてしまう、とお気遣いいただいていることもあると思います。それでも、「オラもそばにいたい」と嘆く声が聞こえてくると、ついわたしは迎えに行ってしまいます。

手をつないでお連れして、ずっとわたしのそばにいていただく。ご家族と交渉して、死化粧の時間に参加していただく許可をもらうこともあります。大切な人の死によって、家族の絆《きずな》は深まります。だからこそ、全員でいてほしい。

日頃から苦労されているのでしょう。認知症のおじいちゃんやおばあちゃんにつ

い暴言を吐いてしまう両親に、

「ひどいよ。今度からは、ぼくがおばあちゃんを幸せにする」

などといいだしてくれる、成長したお孫さんもいます。葬儀の間、大変なコミュニケーションを引き受けてくださることも多い。

ある大きな葬儀で、大人数での納棺だったために、故人と二人で暮らしていたのにどうしても出席を許してもらえないおばあちゃんがいました。

「納棺時の立ち会いが難しいのであれば、せめてその前に時間を取ってあげませんか」

納棺の前、お嫁さんに話をして、別室で時間をもらうことしました。ところが、話を聞いていなかった息子さんが打ち合わせ室に入って来られました。

「母さん、納棺師さんの邪魔になるから、こんなところにいちゃダメだよ。ボケてるんだから。納棺師さん、すいません、いま追いだしますから」

わたしは、すぐに返しました。

「ごめんなさい。わたしがそばにいてくださいませんか、とお願いしたんです。よろしいでしょうか」

「そうでしたか。であればいいです。母さん、邪魔すんなよ」

わたしはおばあちゃんにそっと伝えました。

「交渉成立です。おじいちゃんのそばに、思う存分いて差し上げてください」

おばあちゃんは、うれしそうに、おじいちゃんの手を握っていました。

「愛していたんですね」

と声をかけてみると、

「うん、わかっちゃったかなぁ」

と赤くなられていました。

「オラのじいさん、死んだのはよぉ、オラの面倒ばかり見ていて、疲れたと思うんだ」

ずっとおじいちゃんの手を握ったまま、おっしゃいます。

「好きだったからこそ、尽くしておられたんじゃないんですか。愛している証拠ですよ」

「じいさん、幸せだったと思うかぁ」

「まちがいない。自信を持っていいます。幸せだったにちがいないです」

「そうか。そういってくれるか」

おばあちゃんは、おいおいと泣き始めました。そこに息子さんと、男の子のお孫さんが入ってこられました。お孫さんはおばあちゃんの顔をのぞきこみ、ポツリといいました。

「おばあちゃん、一人になっちゃうね」

この言葉に、男の子のお父さんである息子さんが、感極まって泣きだしてしまったのでした。いろいろな思いが一気にこみ上げてきたのでしょう。そして、この一言が出てきました。

「母さん一緒に住もうか」

息子さんの言葉に、戸惑うおばあちゃん。でも、目からは涙があふれてきます。

「仕事が忙しくて、母さんに八つ当たりばかりしてた。でも、母さんを一人にしておくわけにはいかない」

故人を前に、とてもいい空気が流れました。親子なんだなぁ、と思いました。

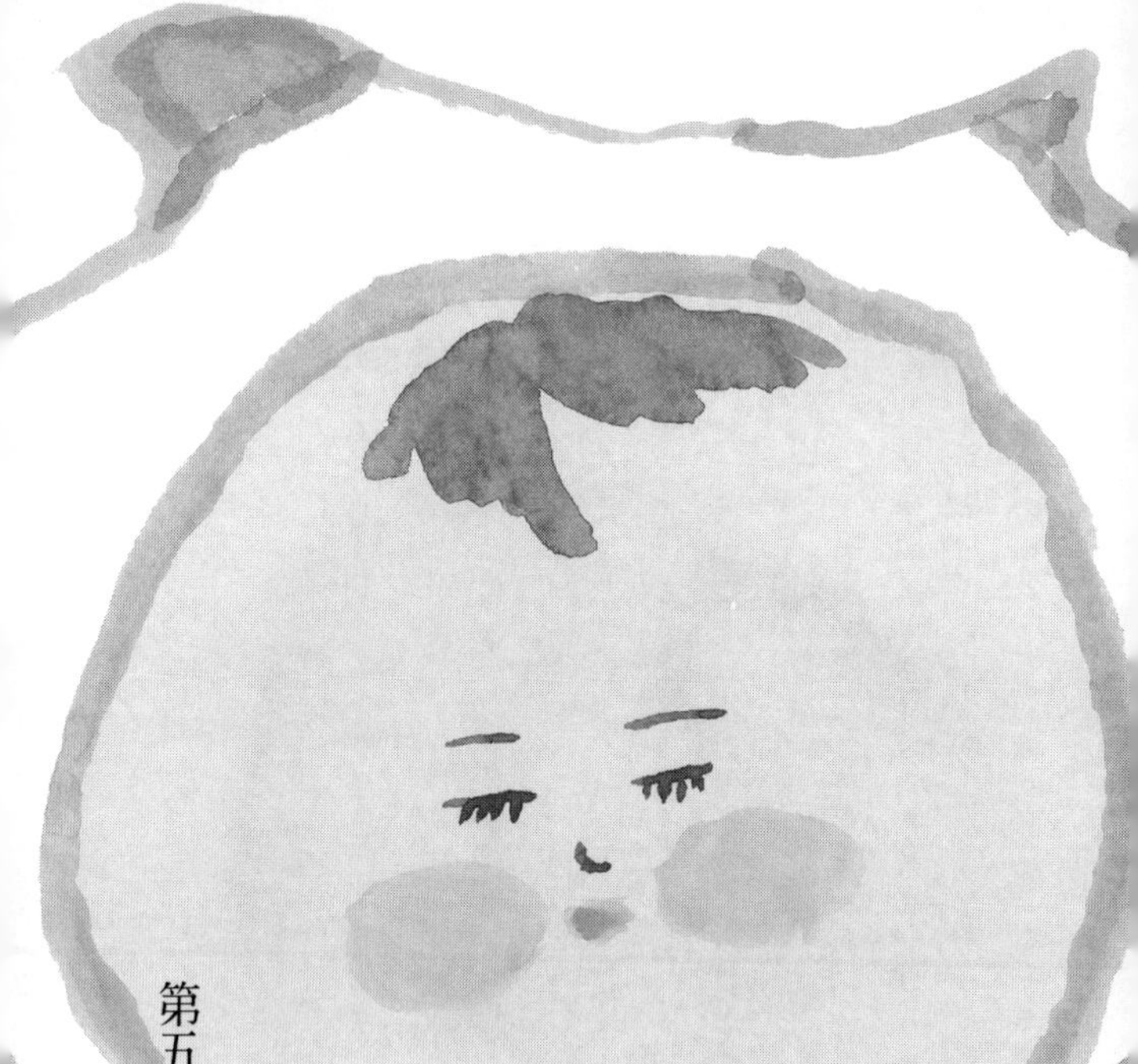

第五章　最後の言葉

オレには最後の女ぁ

夫婦のお別れのとき、必ず聞くことがひとつあります。

「愛しておられましたか？」

そうすると、いろんな思いを伝えていただけます。

「また、この人と結婚したい」と涙を流される奥さん。

「オレのことを忘れないでくれ」と泣かれたご主人。

「面倒ばかりかけやがって」とご主人の頭を叩きながら号泣された奥さん。

号泣して一緒の棺に入ろうとしてまわりに止められたご主人……。

印象深いシーンがたくさん思い出されます。

ある納棺にうかがうと、歌声が聞こえてきました。

「たとえどんなに冷たく別れてぇもぉ～　おまえがオレには最後の女ぁ～」

亡くなられた奥さまに向けてご主人がうたっておられました。

「オレさぁ、かあちゃんのことを本当に好きだったのさ……」

そこでいったん、言葉が途切れました。

「でもさぁ、かあちゃん、オレのこと、好きじゃなかったかも」

突然、大粒の涙を流しておいおい泣かれます。

「なあにいってんのよ。こんなに大事にしてもらって。愛してくれてたに決まってるでしょ！」

と声を荒らげたのが、娘さん。

「いや、それをいってほしかったのさっ！　この歌はいつもかあちゃんに捧げていた歌だから」

その場は大きな笑いに包まれました。

別の納棺では、わたしが故人に向き合っている間、手元にじっと熱いまなざしが注がれていました。もう真剣そのものなのです。奥さんを亡くされた年配のご主人でした。

「気になるところがあれば、遠慮なくいってくださいね」

「いや、きれいにしてくれて、ありがとうよ。おらぁよ、大事な大事な女房のよ、今の時間を頭にインプットして、葬儀が終わってからよ、すごく淋しくなるっていうから、今の時間を思いだして、後から泣こうと思って。だから、ずっと目に焼きつけてんだ」

　ご主人の目からは、もうすでに涙がポロポロこぼれています。となりから、ご主人の妹さんが声をかけてくれます。

「好きだったんですよ、ほんとに兄は。義姉《ねえ》さん、いい人だったから」

　この言葉にご主人は号泣されました。夫婦の話をきっかけに、まわりの方々が、故人がどんな人だったのか、どれほど夫婦が仲良しだったのかを語ってくださいます。ご家族がみなさんで作りだす時間です。

　出会い、結婚し、子どもが生まれて喜びを共にし、楽しいこと、うれしいこともあれば、つらいこと、苦しいことがあったりと、人生はハプニングだらけ。山あり谷ありなのだけれど、みんなで乗り越えてこられたお話は、なんとも深くて、とってもあたたかくて。

　夫婦の、家族の、親子の別れは、本当に悲しいもの。でも、だからこそ、ちゃんと気持ちを外に出すことが大事です。それが、故人の「生きたお話」を生き続けさせることになると、わたしは思うのです。

ラブレター

　故人は、中年の女性でした。

「お見事でした。ぼくの大好きな女房を、こんなにきれいに元に戻してくれて。出会った頃を思いだしたよ」

　帰り際、喪主さんが泣かれていました。わたしはこう返しました。

「奥さま、幸せだったんですね。こんなに愛されて」

「本当にそう思う？」

「もちろん女性ですから、心からそう思いますよ」

　そうかぁ、そうかぁ、といいながら、ご主人は奥さんの顔や手にたくさん触れて、また涙を流されました。本当に愛されていたのだな、と感じました。いいお別れのお手伝いができてよかった。心からそう思いました。

　ある納棺では、うかがうと、亡くなった奥さんに、高齢のご主人がしがみついて泣かれていました。なんとも切ない光景でした。わたしは、ひとつ提案をしました。

「ラブレターを書いてあげてもらえませんか？」

わたしはよく、ご夫婦にお別れのラブレターをご提案します。ほとんどの方が書いてくださいます。

奥さんがご主人に書くラブレターも素敵なのですが、ご主人が奥さんに書く最後のラブレターがまた素敵なのです。実は自分のほうが彼女を必要としていたんだ、と書かれることが多い。

最後の最後だから、素直になれるのかもしれません。深い夫婦の絆が見える瞬間でもあります。

ところがその高齢のご主人からは、意外な返事がありました。

「字を習ったことがないから、書けないんだよ……」

お孫さんに代筆をお願いしたら、喜んで引き受けてくださったのですが、

「やっぱり自分で書きたい。字を教えてくれ」

お孫さんと二人で字の練習を始めました。

「急がなくていいですからね。お棺が家を出発されるまでに間に合えばいいですから」

「でも、なんて書けばいいんだ」

ご主人のことを考えると、難しい漢字は避けたほうが良さそうでした。

「ひらがなで、あいしてる、でいいんじゃないですか。愛されていたんですもの。女性はいつだって、愛してる人に、愛してるっていってほしいんです」

ご主人が、「あいしてる」の練習をしたメモ用紙が十枚くらいになったとき、わたしは提案しました。

「この練習用紙を入れてくださいませんか。女という生き物にとって、この練習こそが最高に価値あるものです。愛情の証です」

ご家族の女性陣に聞いてみると、賛同してくださいます。

しかし、よく見てみると「あいしてる」が「おいしてる」になっている。「あ」の字がうまく書けなくて、「お」になってしまっていたのでした。

お孫さんは、「まだ完成していない。練習しないと、あが書けていない」といっていたのですが、女性陣は、これがいい、これこそがいい、と大盛り上がりです。

たしかに、「あ」だろうが「お」だろうが、関係ないとわたしも思いました。奥さまにとっては、むしろ「おいしてる」のほうが、うれしいかもしれません。そこにこそ、ご主人の最高の思いが込められているのですから。素敵な素敵な、ラブレターでした。

出棺のとき、葬儀会社の担当者さんが、このラブレターを奥さまの手にしっかり持たせてくださったそうです。最高の旅立ちになりました。

百点なんか

わたしと同い年くらいの同性の故人のときは、胸が張り裂けそうになるのをこらえながら納棺にあたります。お子さんを残して逝かれる場合が多いので、わたしも二人の子どもの母親として、どんなにつらかろう、と思います。故人も、そしてお子さんも。

冷たいお母さんの身体に触れてショックを受けないように、マッサージなどをして故人の手をあたためてから、お子さんたちを呼びます。お子さんが小さい場合、誰かが声をかけてあげないと近くに来られません。大人に囲まれ、経験したことのない異様な雰囲気のなかで、みんな緊張しています。

ある納棺に行くと、三人の小学生くらいのお子さんたちは一見、まるで普通に見えました。これは危ない、と思いました。緊急事態です。まだ死を受け容れられていない。

幸いにも、とてもあたたかい葬儀会社さんでした。納棺の後、ゆっくりお別れできるように時間をかけてあげてほしい、といってくれました。お母さんを前にして、身体に触れて、亡くなったということを認識してもらう。親族の女性の方々も協力してくれました。

「今はね、お母さんにいっぱい触っていい時間なんだよ」

声をかけると、ようやく大きな声で、お母さんの身体にすがって泣き始めました。たっぷり時間をかけて、着替えも一緒にして、死化粧も一緒にして、棺に移動するときには、お母さんの胸に頭を乗せて、腕を子どもたちの後ろにまわし、最後のムギュをしました。離れたくなくて、一生懸命、泣きながらお母さんに話しかける子どもたちの姿に、まわりの親族から嗚咽がもれました。

愛情を注がれた分だけ、子どもたちは涙を流します。お母さんに触れたがります。お母さんの手をずっと自分の頬にあてています。

「お母さんは、どんな思いなんだろう」

お子さんの一人がわたしに尋ねました。

「そりゃ、みんなと同じ思いだと思うよ」

「そっか」

「お母さんのこと、ずっと大好きなままでいてあげてね」

「いいの？」

「いいよー！」

「よかったぁ。あのね。お母さんに夢で会える？」

「会えるよ。思い続けると、必ず会えるよ。あきらめないでね。でも、普通に生活しているなかで話しかけてもいいんだよ。お母さん、百点取ったよ、って」

「えっ、百点なんか取れないよ！」

「うそぉ（笑）。頑張ってよ！　お母さんのためにも」

故人を忘れる必要はないとわたしは思っています。今の生活から、ゆっくり、少しずつ、上を向けるといい。

かなしいときは、無理をせず、めいっぱい泣くのがいい。いっぱい後ろを振り向いたっていいのです。

大きくなったのに

交通事故の納棺は、本当にいつも胸が苦しくなります。

その日うかがった現場でも、すさまじい事故だったんだな、と一目でわかりました。

顔面が頭部ごと、目も鼻も包帯で巻かれた状態でした。顔がぜんぜん見えませんでした。

若い男の子。手も足も、あり得ない方向に曲がっている状態。お父さんは涙を流しながら、わたしに頭を下げられました。

「もう一度、息子に会わせてくれませんか。会って、お別れがしたい」

状態はとても厳しかった。それでも、一時間かけて復元しました。わたしがあきらめたらここで終わってしまう、と思って最後は根性でした。

お父さんを呼んで会ってもらったら、男泣きに泣かれました。

「会えた。よかった。眠ってるみたいです」

父子家庭だったのだそうです。お兄ちゃんと妹さんがいて、何度も手を握ってくれました。本人が毎週買っていた、テレビ雑誌を棺に入れたいと持ってきてくれました。

右手が複雑骨折で固まって曲がらず、合掌ができないので、左手で胸の上でザテレビジョンを抱えて持ってもらいました。

すると兄妹が突然、おいおい泣きだしました。

「こいつ、いつもこうやって持って歩いていたんです」

棺のふたを閉めるとき、直してあげたいところはないですか、と聞きました。

「足の下の部分が真っ黒になっていたのは、アザですか？」

「いいえ。死斑といって、ご本人が『元気だったよ』とみんなに教えてくれているんです」

「そうでしたか。聞いてよかった。あざかと思って」

葬儀の前日、別れたお母さんが来て、お父さんに「人殺し」といって帰ったのだそうです。お兄ちゃんは、悲しそうに教えてくれました。

「悲しみの感情をぶつける場所がなかったんだよね、お母さん」

わたしは答えました。

大きくなった子どもを失う。これはつらいことです。

二十歳前後まで一生懸命育ててきたご両親の心中を察しながら、わたしは行動します。事故でも、自殺でも、ご家族の思いは本当に切ないのです。

いつも、まずは大きくなった身体をだっこしてもらうことから始めます。いくつになっても、子どもは子どもなのです。

孤独死と介護

高齢者の孤独死に立ち会うこともあります。発見は、死後三日から十日くらいが多いです。その表情と故人の死後経過を拝見して、どのような最期を迎えられたのか、ご本人に教えていただきます。

「あぁ、眠りながら逝ったんですね」ということもあります。

「少し苦しかったのでしょうか」と思えることもあります。

「痛くてもがいたんですか……」と感じることもあります。

だからこそ、わたしも心が痛くなります。故人に笑顔になってもらいたくてしかたなくなって、その一心で処置をさせていただきます。終わって、

「いい笑顔ですよ」

そう話しかけたら、

「ありがとう」

と返事が返ってきそうです。最後の最後にご縁をいただける、その不思議な感じ。

全力で向き合わせていただくことで、なんとなく、その方のぬくもりが伝わってきます。手を握ると、なぜかなかなか手が離せなくなってしまうことがあります。

一人で暮らすことは、誰も悪くないと思います。家族と話し合われたり、本人が決断したのであれば、なおさらです。

でも、独り暮らしは急に淋しくなることがあるのだそうです。孤独感が猛烈に襲ってくる。十日、二十日、一か月、誰とも会話をしないことがある。そうするうちに、耐えられず自死を選ぶ方もいます。だからこそ、独り暮らしになる方には、福祉の力を借りてほしいと思います。民生委員さんや保健師さんにできるだけ相談しておくのです。

実際、孤独死に立ち会うと、独り暮らしだけれど、関わってくださっているみなさんの多さに驚きながら、ほっとすることも少なくありません。

一方、高齢の夫婦で生活していて、どちらかが介護され、どちらかが介護していて、後者が急死される、というケースも増えています。高齢の方、特に大正、昭和初期生まれの方は、我慢して我慢して、頑張って頑張ってしまう人が多いのです。死後経過を拝見すると、よくわかります。

「誰かに、助けてっていってよかったのに……」

そう話しかけながら、処置をさせていただきます。ショックなことに、介護の申請をされていないことも少なくないのです。力を貸してくれる施設があることや、その仕組みを知らなかった、ということが多いようです。

奥さんを介護されている最中に亡くなられたある男性は、苦しそうな表情をされていました。処置後、マッサージで安らかな表情にさせていただきました。急いでかけつけられたご家族は、

「微笑んでる。あんなに介護で苦労していたのに」

と泣かれました。

「介護が楽しかった」といって、奥さまが笑顔を見せてくださった納棺もありました。

ご主人の死化粧の時間に、一緒にフェイスマッサージをし、保湿して血色をつけ、「男前でしょう」ととてもうれしそうに微笑まれました。

独り暮らしや介護が、高齢の方々にとって少しでも幸せなものになりますように。納棺の現場からも祈っています。

第六章　あの日。3・11

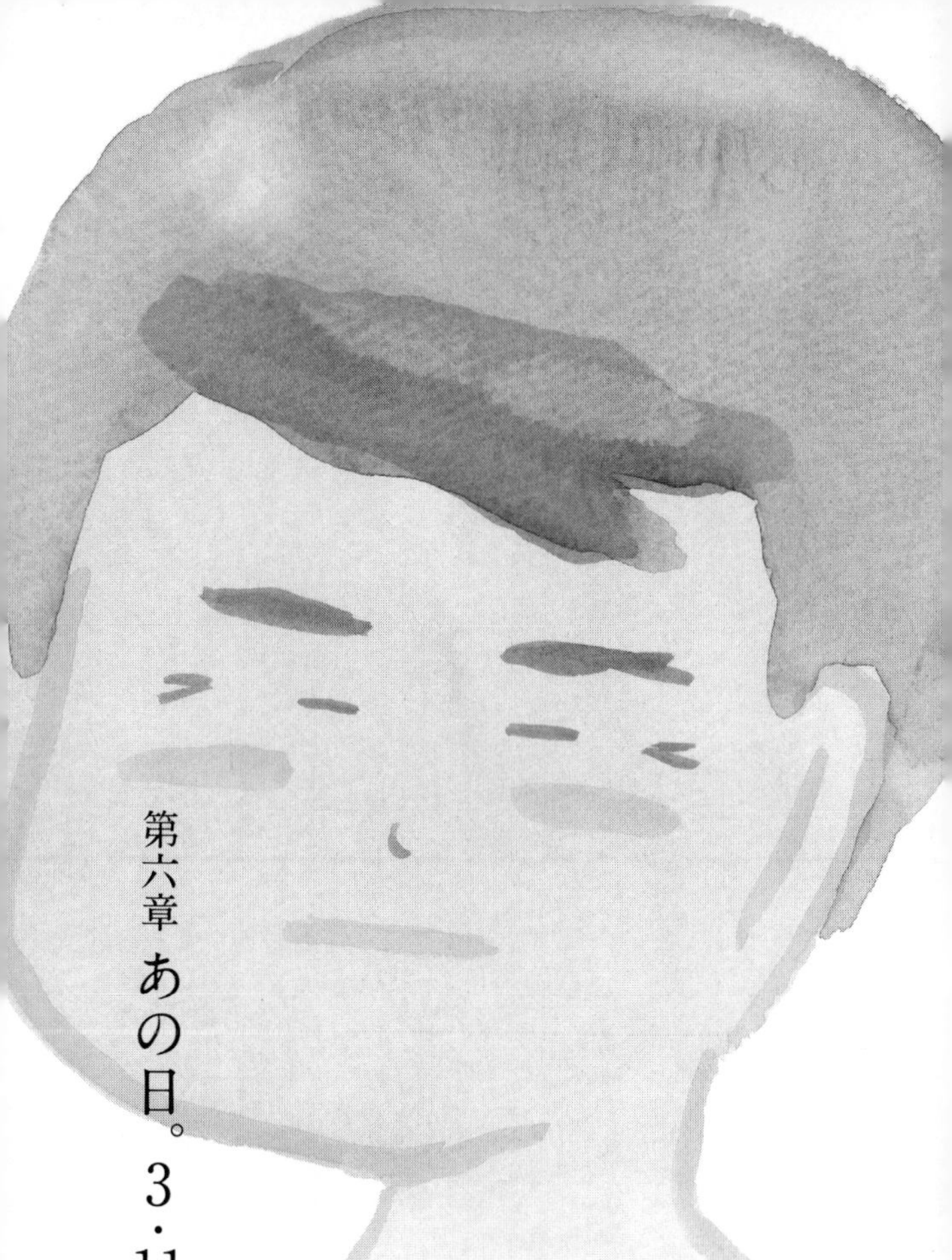

3・11　真っ暗闇の夜

揺れが始まったとき、わたしは、岩手県北上市にある会社事務所の室内階段を登っているところでした。

真っ先に浮かんだのは、数日前に震度四の地震が起きたとき、携帯電話がつながらなくなったこと。家に寝たきりの母がいるわたしは、日頃から時間を見つけては母の様子を家族に聞いていました。家族と連絡が取れなくなることがいかに不安をもたらすか、その地震で痛感していたのでした。

激しく揺れてまっすぐに立っていられない状態のなか、携帯電話に手を伸ばし、この時間は家にいるはずの中学一年の娘にとっさに電話をかけました。シングルマザーのわたしは、二人の子どもと両親と五人で暮らしています。この日は父が仕事に出ていて、娘が一人で母を見てくれていたのです。

「ママだけど、大丈夫?」

揺れはまだ続いていました。

「大丈夫なわけないじゃない！」

娘はよほど怖かったのでしょう。震えた声で返してきました。

通話しながら階段を下りてみると、事務所内は激しい揺れでひどい状態になっていました。書類が山積みになっていたわたしのデスクからは、無残にもほとんどが足元に滑り落ちて、もはやデスクには近づけないほど。しかも、まだ揺れています。

わたしの納棺の考え方に共感して、別の葬儀会社から転職し、一緒に会社を設立した社長室長の菊池《きくち》秀樹《ひでき》くんは、デスクの上から落ちそうになるデスクトップパソコンを必死で押さえていました。しかし、結局支えきれずにパソコンは床に落ちました。

自宅も同じように揺れたはずです。この先、余震があるかもしれない。頭上に収納してあるものが落ちてきたり、家具が倒れてきたりする可能性もある。わたしは娘にいいました。

「とにかく一度、外に出なさい。いいね、わかったね」

それだけ伝えて、電話を切り、会社のみんなと外に出ました。これまで体験したことのない大きな地震でした。会社の入っている建物の奥では、ブロック塀《べい》が崩れていました。

外に出てみて、気になったことがありました。ご近所づきあいのあるお年寄りたちが、誰も出てきていないのです。

たばこ屋のおばあちゃん、床屋のおじいちゃん、裏に住んでいる大家さん……。六人いる一人暮らしのお年寄りの様子を、会社の仲間で手分けして見てくることにしました。まずは二軒となりのおばあちゃんの家の玄関を開けて声をかけると、意外にも元気な声が帰ってきて、ほっとしました。次のお宅へ向けて歩いていると、早くも街の消防団の車が通りかかりました。はっぴを着た団員の姿が車内に見えました。

地震から二十分ほど経ち、ひとまず事務所を片づけようかとも思いましたが、とても仕事に向かう気持ちになれません。他のスタッフにも子どもがいました。小学生の子どもには、普段は送迎のバスが出ていましたが、これではどうなるかわからない。迎えに行ったほうがいいだろうということで、その日は業務を終えて解散することにしました。三時半過ぎでした。

近くに停めてあった自分の車に乗りこみ、十分ほどの距離にある自宅に向かいます。停電で信号も動いていません。街は奇妙なほどの静寂に包まれていました。対向車もほとんどなかったと思います。途中、被害の様子が見えたはずですが、ほとんど記憶がありません。まわりを見る余裕はなくしていました。

追い打ちをかけたのが、携帯電話の緊急地震速報でした。あの音がやたらと車内で鳴り響くのです。へんな動悸《どうき》がし、気ばかりが焦りました。まずは家に帰って、家族の無事を確認しなければ。それから小学四年の息子を迎えに行かなければ。とにかく、それだけで頭がいっぱいでした。

自宅に近づくと、車椅子に乗せられた母と娘が、家から外に避難しているのが見えました。春先とはいえ、まだ寒い岩手のことです。母は毛布でぐるぐる巻きにされています。娘は薄着のまま、ぶるぶる震えていました。家のなかがグシャグシャで、ジャンパーを取るにも家に入れないといいます。

家よりもまず、息子を迎えに行かなければ。わたしは車椅子の母と、震えている娘と、娘が捜しだしてきた飼い猫のサブちゃんを車に乗せ、車で十分ほどの小学校に向かいました。

このときも、車中の記憶はほとんどありません。めずらしく車に乗せてもらってゴキゲンの母と、飼い猫が落ちつきなくせわしく動きまわっていたことだけを覚えています。小学校が近づくと、車の渋滞が始まりました。

なんとか到着し、開放されたグラウンドに車を停めると、ひとりで車を降りました。まわりの親御さんは体育館に向かっています。そこに子どもたちが集められているようでした。一学年一クラス、三十数人。全校生徒合わせても二百人ほどの学校です。体育館に入ると、そこかしこで親子が抱き合って、子どもたちはみんな泣いていました。

息子も、わたしを見つけるなり顔をくしゃくしゃにして、来ないかと思った、来るなら来ると行ってくれ、と泣き叫びながらつかみかかってきました。わたしはそっと抱きしめて、家に帰ろう、といいました。

すでに四時を過ぎていました。せまい車のなかで夜を明かすわけにはいきません。ましてや寝たきりの母がいるのです。暗くなる前に家のなかを少しでも片づけて、休めるスペースを作っておかなければ。防災用品などの用意はしていませんでした。懐中電灯もどこにあるかわかりません。自分の不用心さを恥じましたが、後の祭りです。

自宅に着くとみんなを車に残し、おそるおそる家に足を踏み入れました。玄関からのぞいただけでも、大変なことになっているのが一目瞭然でした。茶の間では本棚やタンスが倒れ、茶簞笥《ちゃだんす》の戸が開いてしまったのか、ガラス製のグラスなどが床に飛びだして、いろいろなものが割れてひどい状況でした。

母の部屋に足を踏み入れた瞬間、すぐに母を外に連れだしてくれた娘に感謝しました。おそらく余震のせいでしょう。ベッドの上に、家具が倒れかかっています。あのまま部屋に寝たきりでいたら、怪我をしていたにちがいありません。

幸いにも、わたしの十二畳の部屋は比較的無事でした。唯一、困ったのは床が水びたしになってしまっていたこと。これはストーブの上に乾燥防止のために据えていた大きな水桶が原因でした。激しい揺れでなかの水があたりに飛び散ったのです。

床の水を拭き、母の部屋からベッドを移動し、他の部屋からも布団を持ってきて、なんとか寝床だけは確保しました。ちょうどその頃、父が仕事から戻って来たので、家族を見てもらうようお願いして、わたしは食べ物を調達してくることにしました。停電していては、ごはんも炊けません。すぐに食べられるものが必要です。

しかし、もう遅かった。スーパーはすでに閉店。開いていたコンビニも、ほとんど品物がなくなっていました。ショックでした。何軒かのコンビニを回り、十二個入りのあんドーナツと袋菓子をいくつか買って、家に戻りました。

このとき、ほとんどのガソリンスタンドが閉まっていることをわたしは頭に刻みこみました。わたしの車には、ガソリンが残りわずかしか入っていませんでした。

地方都市で、しかも自宅が山間部にあるわが家にとって、車はまさに生命線のひとってです。

　すでに暗くなっていました。父が懐中電灯を準備してくれていました。ラジオも出てきたのですが、電池がないために聞けませんでした。車でテレビを見ることもしませんでした。ガソリンの消耗が心配だったからです。わたしは、この一日で本当にクタクタになっていました。軽く食事を済ませると、停電の真っ暗ななか、午後八時には子どもたちと一緒に眠りに落ちていました。

3・12　凍りついた街

朝六時、子どもたちと一緒に目を覚ましました。

この日は朝から納棺の仕事が入っていました。前日の地震のあと、なかなかつながらなかった電話がようやくつながったとき、この仕事の依頼が入ったのです。

震災の最中ですから、断るという選択肢もなかったわけではありません。移動には、わが家の生命線であるガソリンを使うことになります。でも、わたしが納棺に行かなければ困ってしまう人たちがいる。なんとかしてあげたいと思いました。

依頼先の盛岡に向かいました。相変わらず停電が続いていました。信号はまったく動いていません。

車もほとんど走っていませんでした。おそらく、無駄なガソリンを使いたくないと考えた人が多かったからでしょう。人もほとんど見かけませんでした。なんだか異様でした。街が、まるで凍りついたようです。

お昼過ぎに納棺を終えると、わたしは再び北上へと戻りました。

電気もなく、テレビも映らなかったわたしたちには、このときまだ、東日本大震災で何が起きたのかまったくわかりませんでした。いや、知ろうとするところまで頭が回らなかった、というのが事実かもしれません。

電気、水道、ガスというライフラインがすべてストップして、車のガソリンもいつ底をつくかわからない。この状況のなか、子どもたちと親と、どう生き抜いていくか。頭はそのことだけに向かっていました。

盛岡から戻る途中、ガソリンスタンドには長い行列ができていました。まだ雪がちらついていた頃です。車のガソリンだけではなく、灯油を求める人も少なくありませんでした。電気がこないなか、ストーブがなければ凍えてしまいます。

北上に着くと、事務所のドアに「ご用の場合は、このドアにメモを貼ってください」と貼り紙しました。電気が止まっていますから、電話もつながりません。

いつになれば電気や水道が戻るのか、予測もつきませんでした。

3・13　衝撃的な映像

秋田県との県境に近いエリアに、碧祥寺《へきしょうじ》という浄土真宗《じょうどしんしゅう》の古いお寺があります。

この日の朝、その副住職を務めている太田宣承《おおたせんしょう》さんから電話がありました。大丈夫ですか、という言葉の前に、ようやくつながりましたね、という言葉が出ました。そのくらい、携帯電話もなかなかつながらない電波状態が続いていました。

宣承さんは、お父さんが設立された特別養護老人ホーム「光寿苑《こうじゅえん》」の副苑長でもあります。

わたしは、医療従事者に向けた講演やセミナーも行っており、そういった場に光寿苑の看護スタッフの女性が参加してくださって、わたしのことを宣承さんに報告したのがきっかけで交流が始まりました。

宣承さんのホームでは、「看取《みと》り」もたいへん大切にされています。亡くなる方の尊厳を最大限に大切にする。そんなホームだったからこそ、看護スタッフの女性もわたしに興味を持ってくださったのだと思います。

宣承さんは、地域の青年リーダーとしても活動しています。死や生と向き合う場づくりだけでなく、地域を活性化するための若手を育成する寺子屋なども開いていて、いろんな活動をご一緒させていただくなかで、わたしもたくさんの友人を得ました。

わたしよりも若いのですが、わたしなど足元にも及ばないほどしっかりされています。

宣承さんは、わたしが地震の後どうしているか心配して連絡をくださったのでした。

驚いたのは、そんな宣承さんにさえ、震災で何が起きているのかまだ把握できていないことでした。とにかく、津波がきたと伝わってきている沿岸地域に行きたい、と宣承さんはいいました。仲間のお寺や福祉施設があるので応援に行きたい、と。そして、一緒に行きませんか、と誘ってくださいました。

午後、会社に様子を見に行って戻る途中、菊池くんから電話がありました。車でテレビを見たら大変なことが起きている、ちょっと見てみたほうがいい、といわれました。

そこで初めて、わたしはテレビの映像を目にしました。衝撃的でした。宮城県の平野を津波がどんどん駆け上っていく。小さく映っている車が今にも飲みこまれそうです。わたしは目を背けました。これは子どもには見せられない。宮城がこんなことになっているのだとしたら、岩手はどうなっているのだろう……大きな不安が頭をもたげました。

3・16　沿岸エリアからの電話

震災から五日目。前日にようやく電気が復旧し、テレビが見られるようになりました。

岩手県内でも、大きな被害があったことが次第に明らかになってきました。それでも、具体的な被害については、まだ報道されていませんでした。

津波に襲われた沿岸エリアは、わたしも仕事で頻繁に訪れています。お世話になっていた方もたくさんいます。みんな大丈夫だろうかと心配でしかたないのですが、おっかなくて電話できません。もしもつながらなかったら……そう思うと、どうしても受話器が取れないのです。

そんなとき、わたしにとって馴染みある沿岸エリアのひとつ、岩手県宮古市《みやこし》の知人から電話がかかってきました。

「宮古は大変なことになっている」

声から、ただならぬ雰囲気が伝わってきました。

「役場の人をつかまえたから、今、替わる。ちょっと話してほしい」

電話に出た役場の方は、真っ先にいわれました。食べ物がない、これからどうしたらいいものか、本当に困っている……。

わたしはすでに、ガソリンをほとんど使い果たし、仕事も三日目からお断りしていました。行きたくても行けないのです。それでも、これまで聞いたことのないような切迫した声で、食べ物がない、といわれる。

わたしは、集められるだけ集めてみます、と伝えようとしました。その瞬間、電話がぷつりと切れました。以後、何度かけてもつながりませんでした。

この日以降、岩手でも津波でたくさんの人が亡くなられた、という声が聞こえてくるようになりました。しかし、依然として断片的な情報ばかりで全体像が見えません。

やがて、事態は本当に深刻であることが動かし難い事実として伝わってきました。

知り合いの警察本部の刑事さんから、納体袋《のうたいぶくろ》がとても足りない、という情報が入ってきました。

沿岸では、泣きながら、叫びながら、家族を捜し続けている人が数多くいるとのこと……。

ただごとではないことが起きている。
しかしまだ、わたしには何もできませんでした。

3・19　現場へ

心配の種だったガソリン問題が、思わぬ方向から解決しました。

北東北では、震災前から自殺率が高まっていました。このことに危機感をもった宣承さんやわたしは、命の大切さを伝えようと、ある集まりを企画していました。そこに参加してくださっていた方の一人が、支援を申し出てくださったのです。

彼の家は大きな農家で、農機具のためのストックがかなりあるとのことでした。ありがたいことに、会社の車も自宅の車も満タンにしてもらい、灯油までお借りできました。ちょうど、翌日から沿岸に応援に入ることが決まって、ガソリンをどうするか困りきっていた矢先でした。

朝六時三十分。宣承さんと福祉施設のスタッフの方、そしてわたしと菊池くんの四人で出発しました。車は二台。できるかぎりの救援物資を積みこみ、大船渡市《おおふなとし》にある宣承さんの仲間の福祉施設と、陸前高田のお寺をめざします。

北上から大船渡までは約二時間。道中には、車の通りはほとんどありません。時折すれちがうのは、警察か自衛隊の車輛《しゃりょう》ばかり。検問は行われていませんでした。

大船渡に向かう海抜の高低差が激しい道路を一時間半ほど走りました。海が近づいてきましたが、少し高台に位置する道路は無傷です。本当に津波が来たのだろうか？　と思いました。

ところが、道路が高台から下りに入り、海が見えてきた瞬間、光景が一変しました。家が山側に押しつけられ、斜面から突きだしているのです。どう見ても、いびつな光景でした。いくつもの家が、津波によって山側に押しこめられていました。その手前には、どこまでも広がる瓦礫《がれき》の山。そして道路が高台に向かうと、また何事もなかったかのような山道が続きます。また下りに入り、ひとたび道が低い位置になると、押し寄せた津波でめちゃくちゃに壊された家屋の残骸《ざんがい》が広がる。

大きな集落では、自衛隊が瓦礫をかき分けて道路を造っているのが見えました。海抜が高い場所は無事なのですが、低い場所はめちゃめちゃ。そのくり返しです。

やがて、少し高台にある丘で宣承さんの車が停まりました。宣承さんは無言で土手を降りると、海のほうに向かって歩いていきます。わたしたちも後に続きました。

かつて港があり、魚市場があった場所。いま、建物は跡形もなく消え去り、巨大なコンテナや丸太が大量に打ち上げられてあちこちに散乱しています。街は失われていました。

生まれてこの方、見たことのない光景でした。何もかもが消えた。何がどうなっているのか。わたしは混乱し始めていました。

海のにおいにガソリンが混じったような異様なにおいが漂ってきました。風が吹くとほこりが立ち上り、遠くはうっすらかすんで見えます。のどがいがらっぽく、目もしょぼしょぼします。

「たくさんの方が亡くなっていると思います」

宣承さんはいうと、どんどん歩いて行きました。そして、不意に立ち止まりました。

「お経を上げさせていただきましょう」

一言、宣承さんはいいました。

強い風が吹いていました。わたしたちは線香が消えてしまわないよう、風よけになる瓦《かわら》を拾い、即席の縁台を作りました。

宣承さんはしゃがんだまま衣を羽織り、簡易式の正装になりました。最初から拝むつもりで、この地に降り立ったのです。

まだ生存者を捜しつづけているご家族もいます。そんななかで、僧侶《そうりょ》が線香を焚《た》いてお経を上げるのもどうかと考えられたようです。宣承さんらしい配慮です。目立たないようにかがんで読経が始まりました。

僧衣が線香の煙に包まれ、静寂のなかに厳かな読経の声が響きわたります。わたしたちもそっと手を合わせました。

気がつくと、あたりに人が集まってきていました。お経を読む宣承さんに、じっと手を合わせ、涙をこぼされている方もいます。少し離れたところで手を合わせる姿も見えました。

わたしは、たいへんなことが起きていることをあらためて認識しました。

震災から八日も経っているのに、まだ家族が見つかっていない人が大勢いる。ご家族の心の傷を思うと、胸が締めつけられるようでした。

わたしたちは車に戻ると、宣承さんの仲間のお寺へ向かいました。そこで、宣承さんの知り合いの福祉施設の方にお会いしました。

この方がケアマネージャーを務めていた施設は、津波の直撃を受けていました。警報が出て、大急ぎで避難の準備をしたものの、寝たきりの人や車椅子の人を移動している最中に津波に襲われたといいます。

彼は助かりました。しかし、悪夢はそれからでした。流された施設の入居者を捜索する日々。砂に埋まった入居者のなきがらを、泣きながら、名前を呼びながら、何人も引っ張りだしたと涙ながらに語られました。こんな信じられないようなことが、実際に起きている。入居者の死に次々直面することになったこの方の苦しみはどれほどのものでしょうか。

お昼になって、宣承さんが用意してくださったおにぎりをいただきました。時間がもったいないので、陸前高田に移動しながら車中での昼食です。沿岸の道路は津波の爪痕が生々しく、建物は津波で破壊しつくされていました。数日前、ラジオのニュースで死者の名前が読み上げられていたのを思いだしました。その数は二十人ほどでしたが、この現実を見れば、到底そんな数字で終わるとは思えません。

一時間ほどの移動中、運転してくれていた菊池くんとも一言も言葉を交わすことができませんでした。残酷な光景が、どこまでも続いていました。

陸前高田に到着し、郊外にある宣承さんの仲間の福祉施設に向かいます。七百人もの人たちが避難していましたが、食べ物も毛布もなく、ダンボールの上に寝ているような状態です。ブルーシート、食糧、毛布など、車にパンパンに詰めこんでいった物を届けました。

その後、市内に入ろうとしたら、車では中心部に入ることができないといいます。

かなり手前の高台に車を停め、瓦礫の間を縫って三十分ほど歩きました。

やがて、目の前に広がった光景に息を呑みました。陸前高田の街を襲った現実を見て、再び言葉を失うしかありませんでした。湾から山のふもとまで、約十キロにわたって、この間まであった大きな街が、ごっそりと丸ごとなくなっていたのです。

遠くにガソリンスタンドの大きな看板が見えました。高さは二十メートル近くあったでしょう。その看板の下半分が黒ずんでいました。津波の跡でした。

そこまで津波がやってきたことは、頭では理解できます。この目にたしかに見えている。しかし、心に入ってこないのです。違う次元の世界に、足を踏み入れたかのようでした。

となりを歩く宣承さんがポツリといいました。

「ここには、まだたくさんの方が残されていると思います」

宣承さんは、静かに歩かれていました。足に力をかけないように歩くのです。わたしも静かに歩きました。

やがて薄暗くなり、方向を見失いました。人の背丈の何倍もあるような巨大な瓦礫の山。まるで迷路にいるようでした。混乱はいよいよ頭をかき乱します。これはいったいなんなのか。現実なのか、夢なのか。

宣承さんは不意に立ち止まると、線香に火をつけて、またお経を唱えました。拝み終わると、さらに海のほうへ進み、沖に向かって、もう一度拝みました。わたしたちも手を合わせました。みんな無言です。夕暮れが近づいていました。この日は、車中泊することを決めました。

陸前高田の災害対策本部の近くの道路に車を停め、カップラーメンを食べました。それから、車で横になりました。

寒い日でした。ガソリンがもったいないので、エンジンはかけっぱなしにできません。寝袋にくるまって、寒さに震えながら夜を明かしました。

3・20　安置所

夜が明けました。寒さと、被災地を初めて目にしたショックでほとんど眠れませんでした。

宣承さんたちは、支援物資の仕分けをする人が足りないと耳にして、手伝いに行くことになりました。災害対策本部になっていた給食センターは、自治体、消防や警察の本拠になっていただけでなく、物資の仕分けも行っていました。

わたしと菊池くんも仕分けの手伝いに行くという選択肢もあったのですが、ずっと気になっていたことがありました。なきがらはどうなっているのか。おそらく、近くに安置所がある。行かなければ、と思いました。そこで何か力になれることがあれば、とわたしは思いました。

災害対策本部の近くで薪《まき》を焚いて暖を取っている人に聞くと、安置所の場所を教えてくれました。ちょうど市内の端と端に、二か所あるといいます。わたしたちは、そのうちの一か所、米崎《よねさき》中学校の体育館に向かいました。

中学校は、車で十五分ほどの高台にありました。グラウンドが開放されて、駐車場になっています。安置所となった体育館に向かう途中、いきなりわたしは衝撃的な光景を目にします。毛布にくるまれたなきがらを、高齢の男性二人が、軽トラックの荷台に乗せようとしていたのです。

通常ならば、なきがらは葬儀会社さんによって、専用の搬送車に乗せられます。後部の扉が開けられると、皆でしっかりと手を合わせてから、搬送車の奥へと入れられます。そして、扉を閉めるときにも深く礼をします。専門のスタッフによって、そのようにていねいに扱われるのが当たり前なのです。病院から自宅や葬儀場に行くときも、そこから火葬場に向かうときも、故人の尊厳を守れるよう、霊柩《れいきゅうしゃ》車をはじめ、専用の車輛で運ばれます。

ところが、ここではそんなことはできない。家族は警察の方に手伝ってもらいながら、ブルーシートに包まれたなきがらを軽トラックに乗せていました。でも、ブルーシートでは寒いだろう、と思ったのでしょう。わたしが見たのは、ご家族が持ってきた毛布で、なきがらを愛おしそうに包みこんで運ぶ姿でした。

車はしばらく発進しませんでした。男性は荷台で、なきがらをそっと抱きしめています。

寒かったろう、寂しかったろう、みんな待っているよ、一緒に帰ろう。そんな声が聞こえてくるようでした。

そこにバスが到着しました。降りてくるのは、疲れきった表情をした大人たちです。

岩手県の太平洋沿岸は、広範囲にわたって津波被害を受けていました。安置所は十数か所にも及びました。陸前高田では当初二か所。その間を、専用バスが走っています。

乗っているのは、津波で流された家族を捜す人たちです。バスに乗って、何か所も何か所も安置所を回っていく。憔悴して当然です。

さらに、そこへ警察のトラックが到着しました。新たに発見されたなきがらが、安置所に運びこまれます。震災から九日目になっても、新たななきがらが続々と運ばれてくるのです。

わたしと菊池くんは、安置所になった体育館の入り口で手を合わせ、そっと頭を下げるとなかに入りました。薄暗い館内は、バスケットボールのコートがひとつ入るくらいの大きさです。

入り口には受付も何もありません。入ってすぐに右側を見ると、体育館の床には、ビニールシートが敷き詰められています。その上に、納体袋に入れられたなきがらが、並んでいました。およそ四十ほどだったでしょうか。

これほどの数のなきがらを一度に見るのは、納棺の仕事に携わるわたしにも初めてのことです。ショックでした。

わたしはここに至るまで、恐ろしいことが起きていると認識しているはずでした。それでも、そのことと目の前の光景が一致しませんでした。異様な空気と寒さのなかで、時間が止まったような感覚に陥りました。

納体袋は、家族を捜しにくる人たちのために、上の部分だけファスナーが開けられ、お顔が外に出ていました。脇《わき》には、身元確認に役立ててもらおうと衣類や小物がビニール袋に入って置かれています。血がついていたり、汚れていたり、すべてが一様に砂だらけでした。

体育館の床とは別に、ステージの上にもなきがらが並べられていました。こちらは身元が判明したなきがらだと警察の方が教えてくれました。その数は六体ほど。家が流されてしまっているから、家に連れて帰りたくてもできないのです。

安置所は二十四時間、開けておくわけにはいきません。管理の必要上、当直の警察官を残して午後五時には閉まってしまいます。ようやく見つけた家族のなきがらを、置いたままで避難所に帰らねばなりません。

　家族を亡くした人たちは、プライバシーのほとんどない避難所で暮らしていれば、涙に暮れることもできません。泣き声を人に聞かせては申し訳ないと、多くの人が耐えているということでした。そもそも、家族が見つかっていない人もたくさんいました。そんななかで、自分の家族が見つかったとしても喜ぶわけにもいかない。

　棺にも入れられず、家にも連れて帰れず、なきがらのそばについていてあげることもできない。大切な人を亡くした悲しみを吐きだすこともできず、見つかったことを喜ぶこともできない……。

　津波で大切な人を亡くしたご家族は、三重、四重、五重の苦しみを抱えていたのでした。どれほどつらいか、どれほど悔しいか、どれほど悲しいことか……。わたしは、言葉が見つかりませんでした。

　安置所となった体育館のなかを歩き、わたしは手を合わせながらひとりひとりのなきがらにお声をかけました。

「早くご家族に会えますように」

「早く大切な人に会えるといいですね」

　そして、あるなきがらに釘づけになりました。それは、小さな小さな、なきがらでした。

大人用の納体袋が大きすぎて、警察の方が下半分を折ってくれていました。おそらく三歳くらいでしょう。女の子でした。大人のなきがらの間に、ぽつんとひとり、置かれていました。納体袋の胸の部分に、「身元不明」と書かれています。

死後変化が始まっていました。皮膚の一部が薄い緑色に変わっています。津波にのまれたのでしょう。顔に少し陥没があり、たくさんの細かな傷がありました。身体全体に膨らみも出てきていました。真っ先にこみ上げてきたのは、この思いでした。

「戻してあげたい」

たくさんのお別れを見てきたわたしは、なきがらの状態によって、ご家族の気持ちが大きく変わることを知っていました。状態が悪くなってしまっていればいるほど、ショックは大きいのです。触れることもできない家族だっている。お迎えにきてくれるご家族のためにも、かわいい女の子に戻してあげられたら……。

車のなかには、処置をするための道具も積んでありました。戻すことで、この子のお母さんやお父さんに、早く見つけてほしかった。そしてめいっぱい、抱きしめてあげてほしかった。そうすれば、この子も、家族も、どんなにうれしいだろう……。

ところが、それは叶《かな》いませんでした。身元不明者のなきがらに触れることは、法律で禁じられているのです。

そこにいた警察の方にもお願いしました。復元納棺師をしている。この女の子を戻してあげたい。しかし、警察の方は首を横に振りました。

技術的にはできたのです。道具もそろっていた。つらくて、苦しくて、切なくて、自分のちっぽけさを知りました。思わず涙が出てきました。

安置所を離れてから、わたしははげしく後悔しました。何がなんでも、あの子を戻してあげるべきではなかったか。もしも、あの変わり果てた姿をご両親が見たらどう思うか。わたしが戻してあげていたなら……。

状態は悪かったけれど、きっとものすごく愛らしい女の子になる。絶対になる。それでも、手を出せなかった。触れることもできなかった。

自分はどうしてこれほど無力なのか……。

お昼を過ぎて、まずは携帯の電波の届く場所に戻ることにしました。会社のメールも確認しなければなりません。災害対策本部には、移動型の基地局が来ていました。そこに近づくと、電話もメールも通じます。

到着すると、すぐに電話が鳴りました。お世話になっていた葬儀会社さんからでした。事務所のある北上と陸前高田の中間あたりの内陸にいるのだが、納棺に来てもらえないだろうか、という依頼でした。

それは初めての、津波被害者の納棺でした。

亡くなったのは、十七歳の高校生のお嬢さんでした。沿岸エリアにある学校に通っていて、避難所が津波に襲われてしまったのだそうです。ようやく家に戻ってきたが、あまりに痛ましい姿に、ご家族がお別れできないでいるといいます。

わたしは津波被災地に入るためにカジュアルな洋装でした。それでも、おそらく一分でも早く行ってあげたほうがいい。北上には戻らず、失礼ながら今着ているカジュアルな服装で失礼することにしました。せめて黒い装いを、と菊池くんが着ていた黒のTシャツを借りました。

到着したのは、午後二時過ぎでした。玄関で、故人のお父さん、お母さん、おばあちゃんが出迎えてくださいました。お父さんは硬い表情で無言。お母さんは、わたしの顔を見るなり泣き崩れました。いったい何が起きたのかわからない。そんな様子でした。おばあちゃんが、室内へ案内してくれました。

なきがらは、納体袋に入れられたまま棺に納められていました。ファスナーは閉められています。家族は身体のチェックもされていない、ということでした。相当なショックを受けられていることが、これだけでもわかりました。

わたしはまず、棺の横にざぶとんを並べて敷いて、菊池くんに手伝ってもらい、納体袋のままなきがらを外に出しました。ファスナーを開けて、そっと手を合わせました。

「待たせてごめんね」

そういって、おもかげをなくしてしまった彼女の頬にしばらく触れていました。お顔は損傷が激しく、変色も始まっていました。ご両親はどれほどつらかったでしょう。直視はできなかったろうと思います。

事故死や自殺で、死後長時間が経過したなきがらは、納体袋から出さずにそのまま棺に入れられ、家族と対面することなく火葬されることも少なくありません。警察や葬儀会社さんもそうアドバイスすることが多い。見るに堪えないことがほとんどだからです。しかし、そうはしないのがわたしの主義です。なぜなら、絶対に最後にいいお別れをしてほしいから。在りし日の姿を見れば、家族はちゃんとお別れがいえるのです。

それにしても、いたわしい姿でした。リアス式海岸に押し寄せた津波の怖さは、山を伝った波が反転して海に戻り、大きな渦を作ることです。そこでは、たくさんの瓦礫が渦巻いている。鋭利な瓦礫もあります。

長い髪には、砂がいっぱい入りこんでいました。藻《も》のようなものもたくさん付着していました。かわいい、年頃のお嬢さんが、こんな姿になってしまって……。

全部きれいにしてあげるからね、絶対にね、と彼女に語りかけました。

若い女の子です。菊池くんにはしばらく外に出ていてくれるよう頼みました。納体袋から、そっとなきがらを出します。衝撃を受けました。ご家族にはいえないと思いました。

身体の何か所かに、鋭利なもので切られたような傷を負っています。おそらく息を引きとってからの傷でしょう。怖かったろう、驚いただろう、寒かっただろう……。初めて見る、津波の厳しさ。わたしは涙が押さえきれませんでした。何がなんでも戻してあげる。絶対にきれいにしてあげる。思いはますます強くなりました。

まずは身体の清拭を終え、洗髪をします。熱いお湯はなきがらに悪いので、冷たい水を使います。同様に、暖気は腐敗を進めてしまうので、ストーブも切ってもらいました。手がかじかんで、思うように動きません。髪に絡まった砂と藻を取るのは本当に根気のいる作業でした。何度も何度も、洗面器の水を取り替え、髪を洗いました。

水がなくなるたびに、洗面器を廊下に出して菊池くんを呼びます。彼は、何度でも水を運んでくれました。部屋の外ではお父さんとお母さんがじっと押し黙って座っています。

「お父さんも、お母さんも、待っているからね。おばあちゃんもいるよ。一人じゃないよ。淋しくないからね」

そんなふうに話しかけながら、復元を進めました。髪の毛の砂は本当に難敵でした。それでも、何度も何度もやっているうちに、砂や藻をうまく取るシャンプーのコツがつかめてきました。十回以上は洗いました。口のなかにも砂がたくさん入っていました。わたしはなきがらの口を開き、そっと洗浄しました。

「怖かったね。でも、頑張ったね。もう大丈夫。安心してね」

二時間近くかかって、終わりました。

仏衣ではなく、振り袖を着せてあげたい、とおばあちゃんからお聞きしていました。故人にうっすらと化粧をして微笑みを戻し、振り袖を着せてあげると、かわいい高校生のお嬢さんになりました。髪の毛もサラサラになりました。

ご家族を呼びました。目を閉じて微笑む娘さん。かわいかった。

真っ先に入ってきたお母さんは、大声で名前を呼んで、なきがらにすがりました。ずっと無言だったお父さんは、肩を震わせて、娘さんの顔をじっと眺めていました。しばらく経って、振りしぼるようにして、ようやく出てきた言葉には、わたしも涙がこぼれました。

「守ってやれなくて、すまん」

父親のやさしさを思いました。お父さんの目から、大粒の涙がこぼれ落ちました。でも、泣くことが、大事。泣けることが、必要です。そのために、復元があるのです。

おじいちゃん、弟さんとも対面しました。お父さんもお母さんも、みんなが娘さんに声をかけ始めました。たくさんの会話が生まれました。生前の家族の関係が戻ってきました。

おばあちゃんはずっと、お孫さんの頭を、いとおしそうになでていました。そして、わたしのほうを振り向くと、こういわれました。

「本当に、本当にありがとうございます。孫がようやく家に戻って来てくれました」

涙をこぼしながら懸命に声をしぼりだしてくれた、おばあちゃん。わたしは、何もいえませんでした。

それから、わたしと菊池くんは一時間以上かけ、北上に戻りました。車のなかでも、一言も言葉を交わせませんでした。

3・21　五重の苦しみ

初めて行った安置所で見た、三歳くらいの女の子のことが、どうしても頭から離れませんでした。でも、どんどん慌ただしくなっていくなか、わたしは無意識にこの子の記憶を封じこめようとしていました。

この日も、津波の犠牲となり内陸に運ばれてきた人がいました。ご家族は何もかも津波で失ったといいます。葬儀会社さんからの紹介で、わたしは内陸の葬儀ホールに到着しました。ここでわたしは、別の意味での震災の悲惨さを経験することになりました。

年配のご夫婦のなきがらが並んでいました。かなりひどい状態でした。身体が大きく曲がっていました。変色も始まっていました。それでも娘さんは、何度も何度も安置所を回って、必死の思いで見つけてこられたのだそうです。大変な思いをして、ようやくご両親と再会できたのでした。

わたしが復元の準備をしていたとき、遠方からやってきたという親戚の女性がホールに現れました。そして、なきがらを見ないうちに、娘さんにこう言い放ったのです。

「どうしてこんなに連れて帰ってくるのに時間がかかったのよ」

わたしはびっくりしました。現地の安置所がどんな状態か、わたしも少しは知っています。まだ、家族を見つけられない人だって大勢いたのです。それこそ、必死の形相で毎日のように十数か所も安置所を回っている人もいました。

なきがらと対面するのに慣れているわたしにとってすら、それは決して簡単なことではありません。なきがらの状態は刻々と悪くなっていく。においも出てきます。消臭は行われていましたが、安置所にかすかにただよう死臭にわたしは気づいていました。それは日に日に濃くなっていることも想像がつきました。そのような異様な空間である安置所を、来る日も来る日も巡るのです。それが、どれほどつらいことか。わたしは想像ができたからこそ、被災地を実際に見ていない人はこんな発言をするのか、と驚いたのでした。

「よく見つけてきてくれたね、こんな状態のなかで」と誉められこそすれ、こんな心ない言葉を投げつけられることは、どう考えても道理に合いません。

やはりというべきか、娘さんはキレてしまいました。

「何も知らないあなたに、どうしてそんなことをいわれないといけないの！」

興奮した娘さんは、なんと言葉を発すると同時に気を失ってしまいました。

まもなくして目を覚ましましたが、まだ怒りが治まらない様子です。親戚の女性は驚いて「ごめんね」とはいったものの、その言い方がまたなんともつれなくて、娘さんはまたキレてしまい、「おまえなんか帰れ！」と、座布団を投げて暴れ始めました。ご主人と息子さんが、なんとかなだめようと必死でした。

わたしは思わず、親戚の女性を外に連れだすと、いいました。

「今はとんでもないショック状態で、本人は大きく傷ついています。なごやかに会話ができる状況ではありません。申し訳ないのですが、日をあらためて来てもらうわけにはいかないでしょうか」

人は心に傷を負っているとき、どんな言葉にも深く傷つきます。わたしはご主人に、この後はできるだけ部屋に人を入れないようにお願いをしました。

ようやく静寂が訪れました。家族だけが、なきがらに寄り添っていました。復元をするために棺のふたをあけると、娘さんは棺のへりにあごをのせて、お父さん、お母さんの思い出話を始めました。

となりで息子さんが、そんな母親を気遣い、「今は横になったほうがいいよ」と声をかけています。わたしもそうしたほうがいいと伝えました。

「でも、やっと見つけたお父さんお母さんと離れたくない」

娘さんのそんな言葉に、では、お父さんお母さんと離れないよう、棺のすぐとなりに布団を敷いて横になってはどうですか、と提案しました。やがて、娘さんは、すやすやと寝入られたのでした。

ところが、一時間ほどすると、突然大声で寝言が始まりました。

「助けて、お父さーん！　どこに行ったの、こっちに来て！　お父さーん！」

どれだけ大きな心の傷を受けられたのでしょう。ただ、ご両親を亡くされただけではない。それ以上の苦しみを、津波被害者は味わっていることを、あらためて知りました。

目を覚まされたとき、ご両親の復元は終わっていました。対面すると、みんなおだやかな顔になって、手を握ったり、顔をさすったり、話しかけたりが家族で始まりました。

少しでも娘さんのお役に立てて良かった、と思いました。

3・22　つなげるつながる委員会

数日前に沿岸エリアに連れて行ってくれた宣承さんから朝、電話がかかってきました。被災地支援で、自分たちにできることを精一杯やっていく、と。わたしも賛同しました。

宣承さんはまず、何をするにも、みんなでつながりを持っておくことが大事だから、名前だけでも組織を立ち上げておこう、といいました。これが、震災に関わる支援者と被災者をつなげるための組織「つなげるつながる委員会」の始まりでした。

この「つなげるつながる委員会」は、後にたくさんの支援物資を被災地に届けてくれることになります。

この日の朝、釜石市《かまいしし》の知り合いからも電話がかかってきました。沿岸エリアに来ることはないだろうか、とのこと。聞けば、何もかもが足りないといいます。特に、葬儀会社が足りない。なきがらの損傷が激しく、家族がお別れできない状況があちこちで起こっているのが切実な問題だといわれました。

わたしは、彼のもとを訪ねることにしました。そして案内されたのが、岩手県で最も大きい安置所が置かれていた紀州《きしゅう》造林《ぞうりん》です。

初めて訪れた日、ちょうど二トントラックでドライアイスが運びこまれているところでした。新たに見つかったなきがらも続々と運びこまれていました。そこで見たのは、初めて訪れた安置所よりも、はるかに多くのなきがらでした。天井の高い、バスケットボールのコートが四つは入りそうな広いスペースに、ずらりと並ぶ棺。圧倒されました。

本当に悲しい光景でした。天井が高いからでしょうか、においはあまりありませんでした。線香がたくさん焚かれていました。

電話をくれた知り合いが、復元をお願いできないか、と早速その場で申し入れてきました。男性の復元でした。この方は、自宅も何もかも津波に流されたとのこと。そばに小学校低学年の子どもの姿がありました。残されたお子さんのようでした。父親の死を受け止められていないようです。

「何度見たっておんなじだよ！　こんなのお父さんじゃない！」

泣き叫んでいます。すでに死後十日が経過していました。肌の色は緑がかっています。しかも、顔半分だけが上を向いた状態で発見されたのでしょう。光があたっていた部分と、地面に接していた部分とで色が変わってしまっていました。

この年頃の男の子にとって、お父さんは特別な存在です。大好きで大好きでたまらない。遊んでもらったり、勉強を見てもらったり。一緒に走り、とっくみあいをし、キャッチボールをし、転がりまわる。お父さんはヒーローであり、かけがえのない最高の友人なのです。

わたしはそれまでの納棺で、そのことを知っていました。だからこそ、お父さんとのお別れはつらい。そのうえに、現実は変わり果てた姿なのです。とてもお別れなどできない、と思いました。

わたしは彼に声をかけました。

「そうだよね。お父さんじゃないよね。ちょっとおじいちゃんたちと向こうで待っててくれるかな。お父さんを元に戻すから」

たくさんの棺が並んでいるなか、わたしはこの棺の左側にかがんで、なきがらに向かいました。あの子のためにも、生前と同じお父さんに戻そう。

まずは皮膚にやわらかさを戻さなければなりません。お顔のマッサージから始めました。

皮膚が地面についていた部分は、特に念入りにマッサージをします。わたしの肌のぬくもりが伝わると、皮膚は次第にやわらかくなっていきます。

お顔には大小の陥没がいくつもありました。その部分には綿花を詰め、上から特殊なパテを塗って皮膚のようにならしていきます。小さな傷は、ファンデーションで見えないようにします。さらにクリームを使って下地を作り、笑いじわを意識しながらお父さんにしかない血色付けを施していきます。

激しい津波に遭ったのでしょう。右手や左腕が激しく損傷していました。足も同様です。わたしはバッグのなかから新しいゴム手袋を出し、綿花を詰めて形を作りました。お顔だけではありません。ご家族が棺のなかを見たときに違和感のないよう、なきがら全体を戻さなければなりません。

復元は一時間ほどで終わりました。安置所での、初めての復元。緊張し、へとへとに疲れました。

男性の皮膚はいつもの色に戻り、頬にはほんのり赤みも差しました。やさしいお父さんだったのでしょう。目尻の脇には、笑いじわがたくさんありました。わたしはそれを強調して、お顔の形をととのえました。にこやかに微笑む、やさしいお父さんが戻りました。

家族を呼びました。おじいちゃん、おばあちゃん、お母さん、そして小学校の男の子。誰もが下を向いたまま。とりわけ男の子はしょんぼりした表情です。

ところが、棺に近づくと、まずは大人たちの表情が一変しました。みるみる赤みが差し、驚きの表情を浮かべています。生前、一緒に生活をしていた息子が、夫が、棺のなかに現れたのです。すると次の瞬間、男の子が棺に駆け寄ってきました。

「うわぁー、お父さんだ、お父さんだ！　お父さん、お父さん、起きてよ、お父さーん」

男の子は棺の外から、何度も呼びかけました。大粒の涙が頬を伝っていきました。本当に大好きだったのでしょう。涙でぐしゃぐしゃになった顔で、そこから一歩も動かず、お父さんを見つめて呼びかけています。そんな彼を、後ろからおばあちゃんがそっと抱きしめました。わたしは男の子に話しかけました。

「お父さんが、戻って来たね。大好きだったお父さん、よかったね」

家族のみなさんには、こう伝えました。

「お子さんには、たくさん話しかけて、たくさん触らせてあげてください。感情を思いきりぶつけるのが、子どもにとっては何より大切なことです。大好きだったお父さんとの想い出も、たくさん聞いてあげてください。お父さんのためにも、お父さんのいい想い出と、生前の一番良い顔を思いだしてあげてください」

ご家族は深く頭を下げられました。みなさん、涙を流されていました。すべてを失っていたご家族でした。わたしは、何も受け取りませんでした。思えばこれが、復元ボランティアの始まりでした。

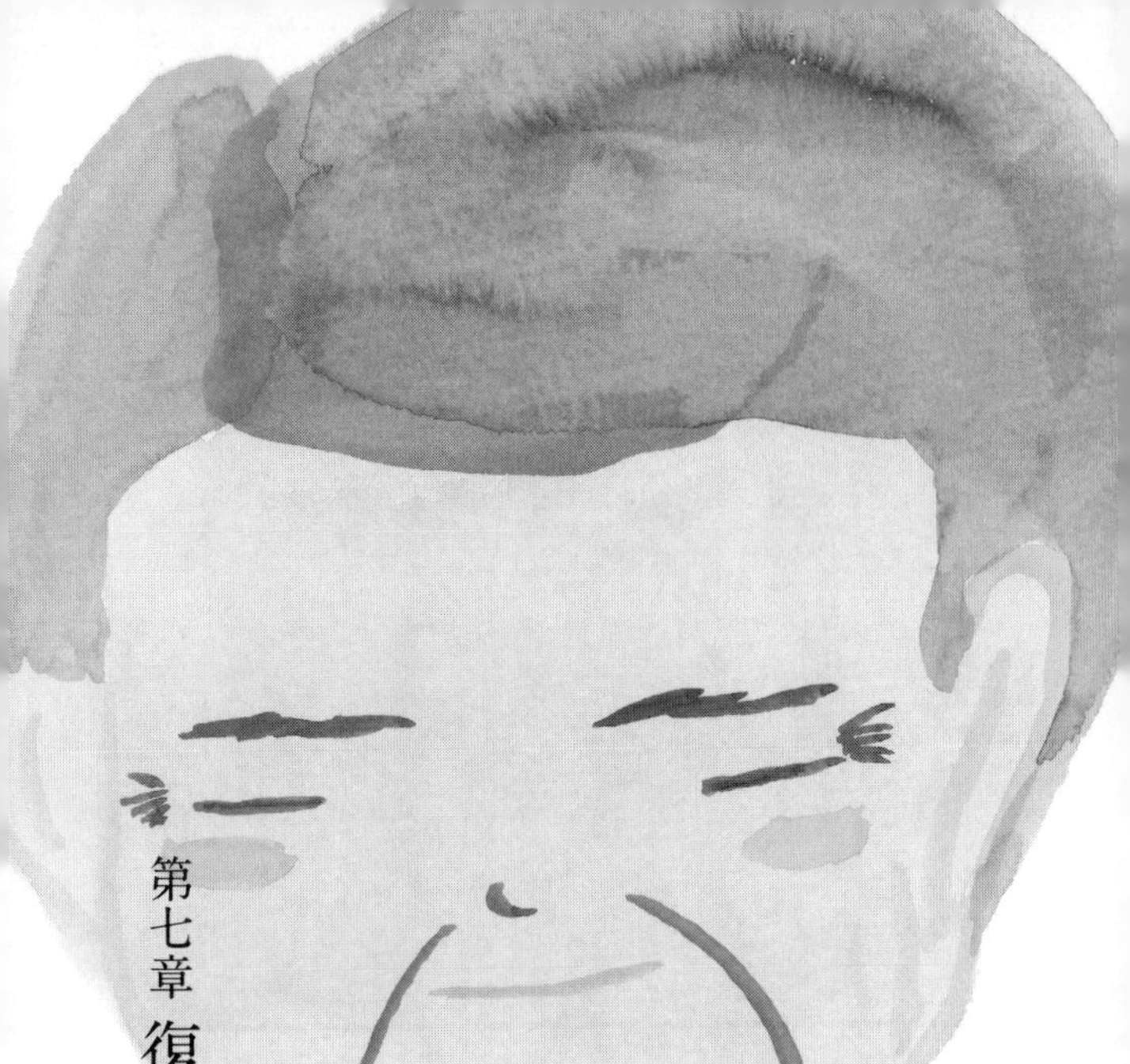

第七章　復元ボランティア

3・23　紀州造林

翌日も紀州造林の安置所にうかがいました。

「わたしのところもお願いできませんか」

すぐに声がかかりました。前日、棺に向かっているわたしの姿を見て、あれは何をしているのだろうか、とうわさになったようです。

次々と呼ばれて、明日になってもいいので来てほしい、とお願いされました。なかには、声をかける勇気が出ずに遠くから様子をうかがったり、何度もぐるぐると安置所内を回っていた人もいました。

声をかけてもらったら、

「では、この後にうかがいますね」

とお返しするようにしました。みなさん、勇気を出して、思いきって話しかけてくれます。だから、最初のお返事はとにかく微笑みで返そう、と決めました。

この日も、親を失ったたくさんの子どもたちに出会いました。あまりに悲しいお別れです。わたしは何度も胸を詰まらせました。

お父さんを亡くした、四歳ほどの娘さん。

とても会わせられる姿ではないと、二日も対面を先延ばしにされていたといいます。陥没していた目の下の部分をどう戻すか、そこが復元のポイントになると思いました。津波で何かにぶつかったのでしょう。大きな傷でした。

まだ若いお父さんです。頬からあごにかけてのラインに、若さが残っています。娘さんをだっこしたとき、きっと小さな手がこのラインに触れていたのだろうな、と思いました。だから、しっかり戻してあげよう。娘さんが、また触れることができるように。

さぞやかわいがっていたことでしょう。最もかわいい頃なのです。そして、娘の成長を楽しみにしていたでしょう。わたしはそんなことを思い浮かべながら、やさしいパパの顔になるよう、懸命に復元し、おもかげをひとつひとつ戻しました。

お父さんに微笑みが戻ってようやく、対面してもらえました。おじいちゃんやおばあちゃんも、一緒に対面してくれています。

じっと動かないお父さんのやさしい顔を見て、目に涙をいっぱいためた彼女から出てきたのは、まさに懸命の一言でした。

「パパ、さよなら……」

おばあちゃんが手で顔を覆いました。おじいちゃんは目に涙をいっぱいためて肩を震わせています。ママが泣きながらとなりでいいました。

「さよならは、さみしすぎるよね。またね、にしようか」

女の子は、じっとお父さんの顔を見て、いいました。

「パパ、またね……」

かわいいその声に、みんなが泣きました。わたしも涙をこらえることができませんでした。わたしはいいました。

「ぜひパパに触れさせてあげてください。たくさんパパに触れて、彼女が思った通りの時間を過ごさせてあげてください」


中学生の女の子も、お父さんを亡くしていました。この年頃の女の子がお父さんを亡くすということは、未来への不安を抱えることでもあります。今までは、その存在感に安心しているから、いなくなるなんて考えたこともなかった。ところが、震災がそれを変えてしまいました。

しかも、壮絶な別れを経験していました。お父さんが津波に飲みこまれた瞬間、その場に居合わせていたというのです。

「お父さん！　って呼んだら、来るな！　って、お父さんが叫んで……」

そのまま波のなかに消えていった。そう泣きながら教えてくれました。なきながらはなかなか見つかりませんでした。お父さんが見つかるまで、どれだけ不安だったかも話してくれました。

毎日、当たり前にそこにいたお父さん。それが、何日経過しても家に帰ってこない。もしかしたら、本当に死んでしまったの？　生きていてほしい、どこかにいてほしいという思いと、とにかく早く見つかってほしいという思い……。

小学校まではよく話をしたお父さんとも、中学に入るとあまり話をすることがなくなったそうです。もっとたくさん話をしておけばよかった、とポツリといいました。

ふんわりとした髪の毛を持つ、ふっくらとしたやさしそうなお父さんでした。

髪の毛のふんわりがしっかりと戻るよう、意識しました。笑いじわもたくさんあって、マッサージしながら復元していくと、うっすらと笑みが浮かびました。

「お父ちゃんだ、お父ちゃん……」

女の子はすがりつきました。嘘であってほしいという気持ちと、お父さんは死んでしまったんだと認める気持ち。声にならない声が、安置所に広がりました。

高校生の男の子は、お母さんを亡くしていました。この年頃にしてはめずらしく、男の子なのに大泣きしています。何を一番伝えたいの、と聞くと、ぼろぼろ涙を流しながら、こんな答えが返ってきました。

「毎日、お弁当を作ってくれてありがとうって。おいしかったんだよ、お母ちゃんの弁当。なのに、一度もお礼をいえなかった。あの日の朝は、大げんかをしてしまって」

とても素直でいい子でした。お母さんにきっと思いは伝わっているよ、と彼にいいました。お母さん、喜んでくれているよ。

お母さんを亡くした中学生の男の子は、ずっとうつむいたままでした。ご家族がなきがらを囲んでいる間も、なかなかお母さんを見ようとしません。ところが、突然、大きな声で叫んだかと思うと、なきがらにすがりつきました。

「もう反抗しないよ。反抗しないから、反抗しないから……。お母さん、帰ってきて……」

最後はかすれて、言葉が聞き取れませんでした。大きな身体をした男性警察官が、そばで肩を震わせ、顔をゆがめて泣いていました。

3・24 ご縁

ご縁がご縁を呼び、別の安置所にいるのだがお願いしたい、自宅に来てほしい、などとたくさんお声をかけていただいて、さまざまな場所にうかがいました。

ボランティアで復元を始めてから、ほとんど家に帰れない状態が続いていました。昼間は安置所に、夜は故人のご自宅や葬儀ホールに出向いて、一日に十〜二十人ほどの復元をさせていただくと、車で二時間かかる家へは帰れなくなってしまいます。体重はみるみる減りました。

しかし、そんなことより身に応えたのは、子どものなきがらの復元が増えてきたことです。子どもを亡くすというのは、自分の一部がなくなることです。わたしも親として、痛いほどわかります。ましてや何日も見つけられず、ようやく再会した姿が変わり果てていたなら、なおさらです。

子どものなきがらに向かっていると、封印《ふういん》していた感情が湧《わ》きだしてくるのを抑えることができませんでした。初めて陸前高田の安置所で見た、三歳くらいの女の子です。わたしは再び、自分を責めるようになっていました。かわいく戻してあげられたのに、わたしは無力だった……。

誰かに話を聞いてもらいたかった。気がつけば、僧侶の宣承さんに電話をかけていました。押しこめていた感情が堰《せき》を切ったようにあふれて、泣いて取り乱して、宣承さんに訴えました。どうしてできなかったのか。どうして強引にでも戻さなかったのか……。

宣承さんはいいました。

「起きたことを変えることはできません。その子を大切に思い続けることができれば、戻してあげられなかったご縁も、またご縁ではないですか。ご縁には、本当にいろいろなものがある。これをひとつのご縁と考えて、一緒に進んでいきましょう」

わたしのなかで、何かが変わりました。もう、こんな形での後悔はしないようにしよう。そう思えるようになるためのご縁にしたならば、どうだろうか。

これから同じ後悔をしないためには、いまの自分ができることを精一杯やろう。その場でするべきこと、できると思ったことをやる。あの女の子は、そのことを教えてくれた。そうすれば、この悲しい縁を、かけがえのない縁にできる。

復元ボランティアを支えてくれていたのは、あの女の子でした。彼女がわたしを深く後悔させてくれたからこそ、わたしは同じ後悔をしたくないと思ったのでした。わたしは、わたしにできることのなかで、やるべきことをやる。そのための勇気を、彼女にもらったのです。

こうも思いました。もしかすると、あの女の子との出会いがあったからこそ、復元させていただくひとりひとりに心を込めて、向き合うことができるのだと。

今も思いだします。あの女の子の表情を戻してあげられたら、どれほどかわいかったか。愛らしかったか。

戻してあげられなくて、ごめんね。

3・26　架け橋

安置所では、復元が終わるまでご家族に別の場所でお待ちいただくことにしていました。直視できない状態のなきがらも多く、復元の過程は見ないほうがいいと思っていました。

「直してあげたいところがあれば、教えてくださいね」

対面していただいた後、こう伝えようと様子をうかがうのですが、ご家族の視線は吸いこまれるように、まっしぐらに、お顔に向かわれる。そしてお名前を呼んだり、触ってすがって泣き崩れる方もいらっしゃいます。

わたしはそばで、そっと見守ることにしていました。死を受け容れるから、泣くことができる。涙はとても大切です。そして、泣き止むころに始まる会話というものがあります。故人が生前、どんな人だったのか。どんな素敵な生き方をしたか。どれほど家族を愛し、家族に愛されたのか……。

わたしに話してくださる内容というのは、本当はご本人に伝えたいこと。たくさんの納棺に立ち合わせていただくなかで、そのことを知っていました。だから、わたしが代わりに聞かせていただきました。故人とご家族との架け橋になれたらと思いました。

同時に、今の思いを直接故人に伝える手段があることをお教えしました。たとえば、手紙を書いたり、折り鶴を折ったり、いろいろなものを持たせてあげる。それから、葬儀までの間、いいお顔でいていただくための方法をお教えしました。

ご本人のために、生前の一番いいお顔を思いだしてあげてください。わたしがそうお話しすると、亡くなった方の言葉として受け止めてもらえるようでした。実際のところ、そうなのです。故人の立場からすれば、変化した自分は誰にも見てほしくないし、できれば記憶から抹消《まっしょう》してほしい。いつまでも本当によかったときの顔を思いだしてほしい。残された人たちには笑顔で生きてもらいたいし、ずっとそばにいるよ、とたぶん伝えたいはずです。

家族が涙に暮れている姿は、きっとご本人が望むものではないでしょう。別れは本当につらいけれど、いい顔で送ってあげてください。そう、お願いをしました。

3・27　大好き

納体袋のファスナーを開けた瞬間、マスクをしていても他にない強い臭気が漂ってきました。お顔を見ると、もう人としてのおもかげがないような状態でした。津波だけでなく、火災にも巻きこまれてしまった男性でした。眉毛もまつげも髪の毛も焼け焦げてなくなり、皮膚は赤黒く変色しています。

異臭の原因は、焼けたにおいでした。何か他の物と一緒に焼けることが多いため、その物のにおいが染みこんでしまうのです。そのうえ、腐敗臭と海のにおいも加わります。

幸いなことに、その男性には写真がありました。写真のない復元は、状態が悪ければ悪いほど難しくなります。わたしはまず、写真を拝見しながらフェイスラインを戻すことから始めました。歪んでしまった顔の輪郭を戻すのです。それだけで、生前のおもかげにぐっと近づきます。

輪郭が戻った頃、誰かが後ろにひざまずく気配を感じました。

「団長！」

そういって、初老の男性が帽子を取りました。

「ここにおられたんですね。本当に捜して、捜して……やっと会えた……。こんな姿になられて……すみませんでした……」

男性は口元をおさえ、嗚咽をもらしています。

「でも、おかげで街は守られました。たくさんの人が助かりました……」

なきがらは、地元の消防団の団長でした。わたしもすでに耳にしていました。命をかけて、街の人たちを守った消防団の活躍があったことを。大きな揺れの最中に停電になった瞬間、消防団の人たちは悟ったそうです。避難を知らせるサイレンが、電気が止まったなかでは鳴らせないということを。誰かが高いはしごを登り、人々に危険を知らせる鐘《かね》を鳴らさなければなりません。生きて戻れないことがわかっていたとしても。

水門を閉めに行った人もいたそうです。大きな津波がやってくれば、助からないかもしれない。それがわかって死に向かっていったのです。命がけで街を守ったのです。

近隣の人たちを助けるために街に戻り、津波にのまれた人もいました。目の前に津波が押し寄せているのに、「自分は消防団員だから」と飛びこんでいって、「助けて」と声を上げる人を助けようとした人もいたといいます。

男泣きに泣き、頭を下げていった初老の男性が去っていった後で、わたしは復元の続きに戻りました。このときは二時間近くかかりました。

「いい男ですねぇ」

ようやく生前の精悍《せいかん》な顔つきが戻ると、わたしは思わず、こんな言葉をもらしてしまいました。真っ先に反応したのは、お母さんです。

「そうでしょう。イケメンだったんだよ、ウチの息子は」

吹っ切れたように、思い出話をたくさんしてくださって、時には笑顔で語ってくれました。しかし、お母さんの少し後ろに立っているまだ若い女性は、ハンカチを手に大粒の涙が止まりません。奥さんでした。

お母さんが一足先に車に戻ると、奥さんは棺に近づいて来ました。

「わたし、主人のことが大好きだったんです」

じっとご主人の顔を見ながら、涙を浮かべています。とても離れられない様子でした。わたしは声をかけました。

「触ってみますか。ほっぺに触ってあげてもいいですよ」

右手をおそるおそる差しだして、ほっぺに触った瞬間、奥さんは棺に泣き崩れました。

「大好きだったんです。ホントに大好きだったんです……」

涙をハンカチで拭くと、本当に愛おしそうに、見つめています。見ていて切なくなりました。でも、こんなにも愛されるご主人は、幸せ者だと思いました。

ご主人にも、奥さんの気持ちはちゃんと伝わっている……そう思いました。

奥さんは泣きながら、あの日のことを教えてくれました。

消防団の団長として団員をまとめ、一度は避難所に戻ってきたのだそうです。ところが、まだ避難をしていない高齢者がいることがわかって、団長自ら再び街に戻ったのでした。そこに津波がやってきました。

「使命は理解しているんです。街のために命をかけたことは立派だと思います。でも、わたしは主人を失って、子どももいて、これからどうやって生きていけばいいのか……。どう気持ちの整理をつけていいのか……」

これもまた、震災の現実でした。胸が引き裂かれるようでした。

せめてわたしにできることは、できるだけ長い時間、ご主人の状態を保つこと。火葬までは時間があります。わたしは奥さんに、棺のふたの開け方を伝えました。

「何度でも開けていいし、触っても大丈夫です。限られた時間だけど、どうかご主人のそばにいてあげてください」

もし肌の部分が崩れたらこれで直してあげてね、とファンデーションを渡しました。

3・28 癒し

復元をするにも、写真がない場合もありました。でも、不思議です。集中して肌に触れていると、手が動いていくのです。そして、生前の顔ができあがっていきます。ご本人が教えてくれるとしか思えませんでした。何かに突き動かされるような感覚がありました。

わたしは、

「これはちがう。こんな顔じゃない」

と、もし誰かにいわれたら、復元ボランティアはやめようと思っていました。でも、一度もそういうことはいわれませんでした。

とりわけうれしかったのは、小さなお子さんの表情が復元によって戻ると、ご家族だけでなく、安置所全体が癒されることでした。

今も覚えています。四歳の女の子。かわいいかわいい、天使のような子でした。最初に見たとき、思わずわたしはそっと抱きしめてしまいました。

髪の毛に藻のようなものがたくさん絡んでいて大変でした。それを取るだけで一時間以上かかりました。でも、小さいお子さんらしい髪の質に戻ると、雰囲気が一変しました。

お顔のやわらかい皮膚の感触も戻りました。愛らしい、かわいい笑顔が戻りました。

復元後に対面したお父さんは、かわいくて、かわいくて、仕方がないようでした。名前を呼びながら、ずっと顔を見て、頬に触れて泣かれました。泣きすぎて、最後は涙も涸《か》れてしまったかのようでした。憔悴しきった様子で、ただ女の子を見つめていました。

そんなかわいい姿には、警察の方も癒されていました。

子どもって、本当にすごい。亡くなっても、微笑んでそこに横たわっているだけで、癒されるのです。

安置所に詰めていた警察の方は、見回りをしながら、何度もふたを開けて見ておられました。かわいい、かわいい、と。警察の方も、悲しい場面ばかり見ていて、さぞつらかったと思います。心の癒しが欲しかったはずです。

ほかのご家族や、まだ家族が行方不明で安置所を捜して回られている人たちからも、かわいい、かわいい、と声が上がりました。でも、そうやって、多くの人に、かわいい、かわいいといってもらったほうが、お子さんもきっとうれしかったと思います。

たくさんの人の心のなかに、彼女が残していってくれたものがあります。

3・29 祈り

「子どもを助けに行く」

　そういって、ご主人が走って行かれたという家がありました。娘さんは助かりました。でも、ご主人は帰ってきませんでした。まだ幼い娘さんを抱いたまま、奥さんはおっしゃいました。

「大きくなったら、この子に伝えたいと思います」

　涙を流されている奥さんの横で、キョトンとしている小さな顔。まだ、何が起きているのか、よくわかっていないお子さんにも、きっといつかお父さんの偉大さがわかる日が来るでしょう。

　大きな揺れの後、家のなかのものを取ってきてほしい、とご主人にお願いしてしまった、という奥さんがいらっしゃいました。その後、家は津波にのまれて、ご主人は亡くなりました。

「お父さん、お父さん、ごめんね、ごめんね……」

奥さんは、何度も何度もそういって泣かれました。そんな奥さんの声を、ご主人は微笑みで受け止めていました。やさしい表情でした。


高齢のご夫婦、奥さんを亡くされたご主人は、ポツリポツリと奥さんの思い出を語ってくださいました。

「漬け物名人だったんだ。でも、もう食えねぇんだな……」

二人で過ごした、かけがえのない日々が思い出されたのかもしれません。これからは奥さんのいない生活になる。美味しかった漬け物のことを考えて、その寂しさがこみあげてきたようでした。不意にご主人は、棺にすがって泣かれました。わたしには、そんなご主人の背中を、そっとさする奥さんの姿が見えるようでした。

ご主人を亡くされた高齢の奥さんがおられました。笑みの戻ったご主人の顔を見つめて、うれしそうでした。

「愛してるよ」

目に涙をいっぱい浮かべて、そっとつぶやかれました。この言葉が、ご主人に届きますように。わたしは祈りました。

3・30　男同士

憔悴しきった男性が、棺の前に座りこんでいました。妻と息子と娘、三人を失っていました。自宅が津波に襲われたとき、ご主人は会社にいたケースも多かったと聞きます。家族全員が犠牲となり、ご主人一人が残されたという方が、たくさんいらっしゃいました。

妻と子どもをいっぺんに失った悲しみ。その大きさがどれほどのものであるか。それはもう、途方もないものだと思います。とりわけ男性の場合は、自分を責めてしまう人が多いのです。

責めたところでどうなるものでもありません。それでも、妻や子どもを守れなかったと、自分を責め苛《さいな》んでしまう気持ちはとてもよくわかります。

そういう場面に立ち会ったとき、わたしは黙って話を聞くことにしました。自分を責めずにいられない気持ちをできるだけ言葉にしてもらって、とにかく吐きだしてもらおう。そうすれば、

「でも、それまでそばにいてあげられたことは、頼もしかったと思いますよ」

という言葉につなげていくことができます。

しかし、この日は女性としては手に負えないと感じました。そのくらい、深い悲しみと、自責の念を抱えておられました。話しかけても返答がないのです。わたしは、一緒にいた菊池くんにお願いすることにしました。

男同士、家族を持つ者同士、父としての感情を理解している者同士、わかることがあるのではないかと思いました。

菊池くんはいいました。苦しいのは当然です。気が狂いそうになるのも当然だと思います。でも、だからこそ、今まで家族から信頼される一家の長だったんじゃないですか、と。

こういうときに、厳しく自分を責めるほどの人だからこそ、家族を心から愛し、家族からも愛されてきたのだと思います。起こってしまった現実はつらくて切ないけれど、今抱えている気持ちがきついものであればあるほど、家族に愛があった証だと思うのです。それに、そのような人だったからこそ、こうしてご縁をいただいて、復元をさせていただくことになったのかもしれないと思いました。

言葉は届かなくても、わたしにできることは、ちゃんとお別れをしてもらえるようにご家族をよいお顔に戻すこと。力が入りました。なんとしてでも戻して差し上げたい、と思いました。

3・31　やっと泣けた

数日、子どもたちとのお別れが続きました。わたしにも小学生と中学生の子どもがいます。ご両親の心中を察すると、胸をかきむしられるような思いです。

六歳の男の子。サッカーが好きだったそうです。

「向こうに行っても、お友だち、いっぱい作るんだよ」

復元が終わって対面してもらうと、お母さんが叫びました。どこへ行っても、いつまでも親は子どもが心配なのです。たとえ、それが天国だったとしても。

高校生の男の子。おじいちゃんが肩をふるわせていました。

「じいちゃんっ子でね。小さいころはじいちゃん大好きって、いつもいってくれてた。わたしから離れない、かわいい孫だった……」

きっと聞こえていると思いますよ、もっとたくさんお話ししてあげてください、というと、おじいちゃんは嗚咽をもらされました。

六歳の女の子。小さななきがらは、紅を差すとぽっと明るくなりました。おばあちゃんが、静かに話しかけました。

「イタズラばっかりしてよぉ……。よく叱った。もっとイタズラしていいから、目開けてくれ……」

すがって泣いて、涙が止まらなくなって、おばあちゃんは話ができなくなってしまいました。それまでじっと押し黙っていたおじいちゃんは、小さな手を握るといいました。

「もう一回、呼んでくれ。じいじって、呼んでくれ。もう一回でいいから……」

手を握ったまま、泣き崩れました。

生後十日目の赤ちゃん。奥さんも同時に亡くしたお父さんは、言葉が出なくなっていました。無理もありません。赤ちゃんは、すっかり変わり果てた姿になっていました。

赤ちゃんは、肌の質がちがいます。身体のパーツも小さくて繊細です。戻すのは、やはり大変でした。三時間以上かかりました。

お父さんは、復元したことを知りませんでした。わたしが対面してもらおうと棺のふたを開けようとしたとき、

「開けないでください！」

と大きな声でいいました。あんななきがらを人に見てほしくない、と思われたのでしょう。でも、復元は終わっていました。ふたが開くと、そのまま崩れ落ちて頭を床につけ、大きな声で泣かれました。やっと泣けた、とおっしゃいました。それまでは、自分の娘なのに、悲しいはずなのに、涙も出なかった。自分はなんて冷たい人間なのかと、傷ついておられたのです。お父さんは赤ちゃんにそっと手を伸ばして、いとおしそうに触れました。

一歳の女の子。かわいくてかわいくて。おじいちゃんが小さな小さな手を握って、

「バイバイ」

をしました。その仕草の切なさに、まわりから嗚咽が漏れました。おじいちゃんは涙が止まらなくなって、動けなくなってしまいました。女の子だけがニコニコと微笑んで、おじいちゃんを見守ってくれていました。

中学生の男の子。お母さんが教えてくれました。

「部活中だったんです……」

触ってあげてくださいというわたしの言葉に、戸惑いながら触れた瞬間、大きな声で泣かれました。

「泣いていいの？　泣いていいの？」

わたしはお母さんの背中をさすり、手を握りました。もちろん、泣いていいんです。そう伝えました。


小学生の女の子。お父さんが肩を落としていました。

「オレをうらんでるんじゃなかろうか……」

そんなことないですよ、娘さんは感謝していると思いますよ、とわたしはいいました。

「最後はきっと、お父さん、って叫んだんじゃないかと思う。なんとかしてやりたかった。なんとしてでも……」

肩が小刻みに揺れました。わたしはいいました。

「最後にお父さんのことを思いだしたんです。そう思ってあげてください。今はお父さんがこうしてそばにいる。彼女も一人じゃないですから」

お父さんは一生懸命、涙をこらえていました。


二歳の女の子。おじいちゃんが棺のなかに、紙オムツを入れました。ゴツゴツした手に、かわいい絵柄の入ったオムツがありました。そのやさしい心遣いが、周囲の涙を誘いました。

「必需品だもんな……」

小さな手に持たせたオムツは、とても大きく感じました。女の子の小さな小さな手を握っていて、手が離せなくなってしまったおじいちゃん。

「手が温かくなったぞ！」

と顔をあげました。その瞬間、大粒の涙がこぼれました。


四歳と二歳の女の子。おじいちゃん、おばあちゃん、お父さんが、見守っていました。復元が終わったあと、姉妹を見てお父さんがいいました。

「本当に生きているみたいだ」

ほっぺたを何度も何度も触っていると、肌があたたまって、ぬくもりで肌がますますいい色になってきました。目に涙をいっぱいためたおばあちゃんが、いいました。

「今は寒いけど、夏になったら、涼しい格好もいるでしょう。棺に作務衣《さむえ》を入れてやりたい。いいでしょうか」

おじいちゃんは押し黙ったまま、手に何かのヒモを握っています。二つの巾着《きんちゃく》でした。

「お菓子がね、大好きだったんだ。入れてやってもいいか」

巾着は、パンパンに膨れあがっていました。少しでもたくさんのお菓子を入れてあげたいと思ったのでしょう。やさしいおじいちゃんでした。わたしはいいました。

「合掌した手の上に乗せたら重たいですから、無理して合掌するのではなくて、手を伸ばしてお菓子を持たせてあげましょう。そのほうが自然ですものね」

おじいちゃんは、そっとお菓子を、棺のなかに置きました。

第八章　支えられて

4・10 新聞

この頃から、復元ボランティアの様子を取材したいとテレビや新聞の記者さんからご依頼をいただくようになりました。震災の前にも幾度か取材を受けたことがあり、わたしは決してメディアに否定的な思いを持っていたわけではありません。

しかし、何より優先したかったのは、一人でも多くの方を戻して差し上げること。わたしは朝九時から深夜まで、ひたすらなきがらと向き合っていました。必死でした。そんなわたしの気持ちを汲《く》みとってくださり、安置所によっては、本来は五時に閉まるところを七時まで開けておいてくださるところもありました。ご自宅にうかがえる場合はその後にお邪魔をして、ほぼ徹夜で対応させていただきました。

沿岸から二時間ほどかかる自宅へは、帰る時間がもったいないので車中泊を続けていた時期もありましたが、これは身体に負担が大きいことがわかりました。短時間でもいいから、家のふとんで眠ったほうがいいと知ってからは、夜に一度は家に帰るようになりました。睡眠時間は極限まで削りました。震災から時間が経過するほど、時間はますます貴重になりました。

だから、取材のご依頼をいただいても、お受けする時間がなかったのです。でも、「つなげるつながる委員会」については、どうにかしてたくさんの人に知ってもらいたかった。ホームページや一部の広報だけでは限界があります。たくさんの方々に委員会の存在を知っていただいて、少しでも被災地や被災者の支援に結びつけていくことができれば、と考えました。そこで、委員会の活動と住所、電話番号などの連絡先を記載するという配慮をいただいて取材を受け、わたしの復元ボランティアの取り組みを全国紙に掲載していただいたのでした。

反響は驚くべきものでした。

まず、全国から電話が殺到しました。電話回線が一本しかないわたしの事務所は、なかなかつながらない状態になってしまいました。電話番をしてくれた社員は、二十四時間対応で連日三百件ほどの電話を受けました。多くの人が、電話口で涙ながらに「応援している」「頑張ってほしい」とおっしゃられたそうです。自分にできることを、皆さん探していらっしゃったのだと思います。

そして、記事が掲載された翌日から、びっくりするほどの量の段ボールが届き始めました。支援物資です。当初は一日二〇〇箱を超えていました。実に、総計で二〇〇〇箱以上の支援物資を、新聞を見た全国のみなさんが送ってくださいました。綿花、線香、消臭剤、化粧品、プラスチック手袋……。

事務所はあっという間に段ボールの山になり、順次避難所に届けました。現金書留でお金を送ってくださった方もたくさんいらっしゃいました。復元に必要な用具を取りそろえるために、ありがたく使わせていただきました。

中には手紙も入っていました。たくさんの思いが込められたお手紙です。もちろん、すべて目を通しました。どれほど励まされたことでしょう。ご年配の方から、お母さんから、さらにはたくさんのお子さんから「がんばれ」「身体に気をつけて」「尊い仕事をありがとう」などなど、うれしい言葉が並んでいました。

なかでも印象深いお手紙がありました。福島県で被災し、埼玉県に避難している小学生の男の子からでした。

「お小遣いで綿花を買って送ります、がんばってください」

と書かれていました。自分だってつらいだろうに、大変だろうに、お小遣いで……。事務所で読ませてもらった全員が泣きました。

人間はほんとうにいとおしいと思いました。住所のわかった千人以上の方々に、後でお礼状を出させていただきました。

これらのお手紙は、わたしたちだけに宛てられたものではなく、被災したすべての人に宛てられたものだと思いました。うれしい話は共有するべきです。

「いいことほど、人に譲っていけ」

これは尼《あま》だった母がずっといいつづけていた言葉です。いいことは人に伝え、人にまわしていく。逆に、悪いことは自分で止める。

お手紙はすべて碧祥寺に保管していただいて、今も、誰でも見ていただけるようになっています。

復元ボランティアをさせていただくと、こんな状況にあっても、費用のことを気にされる方がほとんどでした。金額について聞かれると、わたしは、「ボランティアですからお金はいただきません」と伝えていたのですが、たくさんの物資をいただくようになってからは、こんなふうにいうようになりました。

「どうして無料なのかというと、全国の皆さんから支援をしてもらっているからです。全国の人が、みなさんのことを思っているんですよ。だから、ここは甘えましょう。甘えさせてもらいましょう」

なきがらを前に、この心遣いに多くのご家族が涙を流されました。支援をしてくださった方のやさしいお気持ちは、まちがいなく被災者の方に伝わっています。そして、いただいたお手紙に書いてあったお話も、よく被災者の方にさせていただきました。

「みなさんはひとりぼっちじゃないですよ。みんなが心配している。日本のたくさんの人たちが支援をしてくださっているんです」

この事実は、被災された方々にとって本当に大きな力になったと思っています。

そしてわたしも、たくさんの方々の支えで、復元ボランティアを続けられたのです。

4・20　一緒に

どの安置所でも、たくさんお声をかけていただきました。ご縁があったからには、わたしは断りませんでした。それは、最初の安置所で出会った女の子との約束でした。後悔しないためにも、すべてのご縁を大切にする。しかし、日にちが経つにつれ、なきがらの損傷は激しくなり、お一人を戻すのに三、四時間はゆうにかかるようになりました。結果、徹夜をしたり、また車のなかに泊まることが増えました。

安置所では、素敵な光景に出会うこともたびたびでした。ご家族の助け合い、警察の方の心遣い、子どもたちの祈り……。

ある安置所では、お花を無償で届けている方がいらっしゃいました。美しいお花に、わたしも毎朝、癒されました。同じ思いを持った人がいたのかもしれません。最初は一つだった入れ物が、やがて三つになりました。そして毎日、お花が変わります。

「ご自由にどうぞ」

とプレートを立てたのは、警察の方のようでした。あまりのなきがらの多さに火葬が追いつかず、予定が決まらないまま毎日のように安置所に通ってこられるご家族も、そのお花を手にして、棺に向かわれていました。

わたしもご家族から、「いつも来てくれて、ありがとう」といってもらえるようになりました。うれしい言葉でした。

しかし、この間にもまだ、新たに発見されたたくさんのなきがらが運びこまれてきました。わたしが心配していたのは、身元不明のなきがら。なかでも、小さな納体袋に入れられたなきがらです。わたしはいつもポケットにあめ玉とビスコを入れて、そうしたなきがらに出会うと、手を合わせてお供えをしていました。

長い間身元がわからず、ご家族も引き取りに来ていない、小さななきがらもありました。それはそれは、切ない光景でした。でも、どうしてあげることもできません。唯一できることは、となりにいる、やはり身元不明の大人のなきがらにお願いすることとです。

「おばあちゃん、ごめんなさいね。となりにね、小さなお子さんが一人でいるの。あの世に旅立つときは、一緒に手をつないで行ってあげてもらえませんか」

そっと手を合わせてお願いしました。

4・25　口紅

「つなげるつながる委員会」宛てに届いた膨大な量の支援物資は、車に積めるだけ積んで避難所や安置所に頻繁にお届けしました。

ミネラルウォーター、インスタント食品、飲料、ウェットティッシュ、タオル、シャンプー、ボディソープ、さらには下着、靴下、絆創膏《ばんそうこう》……。

震災からしばらくは、本当に生活に必要なものが求められました。でも、少しずつ落ちつきを取り戻すにつれ、必要なものが変わっていくのを感じました。今も印象深く覚えているのは、化粧品。なかでも、口紅です。

被災して避難されている人たちには、何もかも流されてしまった人たちがたくさんいました。もちろん、化粧品などあるはずがありません。でも、生活のなかにすこしでも余裕が生まれてきたとき、女性なら、まずここに意識が向かうのではないかと思いました。

というよりも、意識を向けてほしかった。それまで暮らしていた日常に一歩でも近づくために、女性として身だしなみを整え、化粧をすることは大きな意味を持つと考えたのです。

そこで「つなげるつながる委員会」のホームページを通じて、「新品の口紅を送ってもらえないでしょうか」と呼びかけてみました。すると、ありがたいことに全国から数千本の口紅が届いたのでした。

これを避難所に持っていったときのことは、忘れられません。

避難所の物資担当の方は多くが男性です。こういうことに気をまわしていただくのは、さすがに無理なのではないかと思います。それでも、口紅提供の申し出は、快く引き受けてくださいました。

避難所に入って口紅をお配りすると伝えたところ、ものすごい勢いで女性のみなさんが集まってこられました。数百本の口紅を思い思いに手に取り、それこそ争奪戦のようになりました。やはりみなさん、一歩先に進みたかったのだな、と思いました。女性なのです。

数千本の口紅はあっという間になくなりました。

お気に入りの口紅を手に取ると、年配の方も若い方も、「ありがとう」と本当にうれしそうです。

明日からこの避難所は、一気に明るくなるにちがいない、と思いました。なんたって、女性たちが元気になるのですから。

5・1　勇気

胸を打たれた夫婦の別れがありました。

「ヒロコだ」

震災の日から一か月以上経って見つかった、奥さんのなきがら。これではとても子どもたちに会わせられない、とおっしゃいました。

わたしは、お子さんのためにはもちろん、ご本人のために頑張らせていただくことにしました。ご主人に「愛しているよ」といってほしかった。名前を呼んで、「こいつはこんなにきれいだったんだ」といってもらいたかった。

「お待たせしました」

復元ボランティアで出会うことになった故人に、わたしはそうやってまず挨拶をします。

震災から四週間、五週間が経っての復元。お会いするなきがらは、次第に厳しい状況になっていきます。膨張、損傷、損失、出血、腐敗臭、変色、変形、脱毛……。

まずはウジ虫を退治することから始まることが増えました。眼球や鼻の際、唇などの薄いところに気配を感じると、薬品を使って処置します。ウジ虫がわいても復元するのは、日本でもわたしくらいかもしれません。

ガスが発生していると、さらにやっかいです。顔はパンパンに膨れあがり、どんなお顔だったかの判別がつきにくくなります。首が心臓側に向いて、左のあごと左の肩が融合するような姿勢になります。このような場合、まずはガスを抜かねばなりません。このガスを抜くとき、とんでもない異臭が発生します。普通の人には耐えられない臭気だと思います。ですから、ご家族には必ず、離れた場所に移動してもらいました。

復元でいちばん大事なこと。それは、自分に負けないことです。勇気と根性です。そして、この人は生きていたのだ、とあらためて理解することです。

わたしも納棺師になりたての頃、初めて腐敗の激しいなきがらと対面したときには、大変なショックでした。目をつむっても、まぶたの裏にずっと貼りついて消えてくれない。どれほど忘れようと努力しても、記憶が薄れてくれなくて苦労しました。だからこそ、激しく変化した家族の姿を見てしまった方たちの気持ちがよくわかりました。早くその記憶を消し去り、そうではない生前のやさしい微笑みを思いだしてほしいと願いました。

わたしは、何よりなきがらに触れることを大事にしています。この奥さんのときもそうです。自分の体温でちょっとずつ温めながら、マッサージしていく。そうすると、どれだけ変化していても、その方ならではの皮膚感が出てくるのです。そして、状態を見ながら、陥没しているところがあれば綿花を使って修復していきます。

通常、皮膚の表面はクリームを使って汚れを落としますが、津波は本当に難敵でした。肌のなかに入りこんでしまった砂をすべて取り除かないと、仕上げをしても普通の肌の状態になりません。無理に重ねると、ざらざらになってしまう。

このときも、お化粧ができる状態になるまで、一時間あまりマッサージをしました。それから細かな砂を取り除き、クリームで下地を作ります。十種類くらいの化粧品を混ぜて、肌の色を故人に合わせて整えていきます。体温を失った肌になじませるために、自分の手の甲であたためながら、幾重にも重ねていきます。こうしてあたためながら作業していくと、その方らしいシワが出てきます。そのシワをたどって笑みを作っていきます。

死後変化は、通り一遍の対応では隠せません。表面だけの復元をすれば、火葬する前に一番下の土台が出てきてしまいます。だから、土台から戻す必要があります。

復元したてのよい状態を、火葬までの一週間ほど、いかに保てるか。それが一番難しいことです。

一部白骨化したようななきがらも、お骨に沿って、ていねいに下地を作っていくと、きちんと故人のお顔に戻せますし、維持できます。

この奥さんは、四時間近くかかってしまいましたが、ちゃんと戻りました。ご主人は、顔を見るなり名前を呼んでくださいました。それから、がっくりと肩を落とすと、静かに涙を流されました。

「ヒロコ、ヒロコ……」

お子さんたちの前では、弱気になって泣くわけにはいかないと耐えておられたようです。でも、奥さまの死が悲しくないわけがないのです。愛する人を亡くされて、誰よりも悲しいのは、ご主人のはずです。

「ありがとう。ありがとう」

ご主人は頭を下げられました。わたしにいってくださったのかもしれません。でも、わたしには奥さんにいっているように思えました。愛する奥さんと、二人きりでゆっくりとお別れをしてほしいと思いました。

わたしはそっと、棺の置かれた部屋を後にしました。

5・2　唯一の映像

四月上旬に新聞に記事が掲載された後、メディアの方々からの取材依頼がそれまで以上に殺到しました。でも、すべてお断りしていました。時間が惜《お》しかったからです。ただ、ひとつだけ、あるテレビ番組に出ました。この日、わたしの復元ボランティアを追った映像が、夜九時からのＮＨＫの全国ニュースで流れました。ニュース番組のなかでは異例の、六分を超えるドキュメンタリーです。

どうしてＮＨＫだけお引き受けしたのか。それには理由があります。

カメラマンさんの誠意に動かされたのでした。そのカメラマンとは、ＮＨＫ大阪放送局の大淵光彦《おおぶちてるひこ》さんです。四月上旬に取材依頼をいただいて、お断りしたわたしに、彼はこういいました。

「多くの沿岸の方々にとって、笹原さんがされている活動の情報は必要だと思います」

それから三週間。取材の合間に自分の時間を使って復元ボランティアの活動を手伝ってくれました。彼はカメラと取材用ノートを車のなかに置いて、わたしの助手を務めてくれたのです。合間に時折、報道カメラマンとしての信念を聞かせてもらうこともできました。

復元の現場は、普通の人が長時間過ごせるほど甘くありません。究極の悲しみと、生前のおもかげを失ったなきがらと、猛烈なにおいとウジ虫と……。しかし、そんななかでも、ひとりひとりの最後の姿とご家族の思いにしっかり向き合ってくださいました。時には、被災者の方を励まそうと、個人的に会いに行かれたりしていたようです。

そんな大淵さんに、ある男性が「妻を連れて家に帰りたい」と相談を持ちかけました。翌日に火葬が控えていましたが、わたしのことを知り、彼を通して復元を希望されたのでした。そしてそのご家族から、お世話になった大淵さんのお力になれるなら、と期せずして撮影の許可が出たのです。

奥さんを亡くされたご主人。九歳から一歳まで四人のお子さんがおられました。ところが、なきがらが見つかったのは震災から四十二日目。とても子どもたちに見せられないと悩んでいました。でも、なんとか最後のお別れをさせてあげたい。子どもたちも会いたがっていました。わたしはお引き受けし、大淵さんはその様子を撮影することになりました。

ご自宅での撮影中、大淵さんは終始ご家族のことを気遣っていました。撮影中や、撮影直後のみならず、放送後もたびたび会いに行っていたそうです。三週間にわたってカメラを置いて被災者に寄り添い、安置所でもたくさんのご遺族から頼られ、自らが信頼を獲得して撮影を許された。あの唯一のドキュメンタリー映像は、そういう方が撮った映像です。

その後「ＮＨＫのニュースを見て……」とたくさんの沿岸の方々から連絡をいただきました。毎日、必死で子どもを捜し続けたお母さんやお父さん。「必ず見つける」と、今でも捜しています。

自分の腕のなかで知らない子どもさんを震災直後に看取り、その悲しみに泣き続けていた二十代の男の子。

「一人ぼっちになったんです」という連絡も、たくさんの方からいただきました。

一年以上経った今も、通常のお仕事でうかがっている納棺の時間に、ニュースを見たといってわたしの手を握り、震災で亡くしたご家族のお話をしてくださる方も本当にたくさんいらっしゃいます。

「家族の死が受け容れられなくて、一度も安置所には行けませんでした」

そういう方とも、今はつながらせていただいています。

「ニュースを見て、納棺師になったんです」

そう教えてくれた方もいました。

「震災から一か月以上経ち、父、母、嫁、八歳、六歳、三歳の子どもを全員見つけました。でも気がついたら、自分は一人ぼっちになっていました。帰る家も津波に持って行かれてありません。そのとき、ＮＨＫで笹原さんのニュースを見たんです。そして、納棺師になりました」

そのお話をうかがって、涙が出ました。よく生きていてくれたな……と思いました。彼はいいました。

「ニュースの笹原さんの向こう側に、自分と同じ経験をした人が頑張っていた。ぼくにはもう守る家族はいないけど、でも、もう一度頑張ってみようと。ニュースに助けてもらいました」

どんな職業でも、どんな立場でも、その人にしかできない支援があると思います。

ＮＨＫのニュースは、大淵さんにしかできない支援の形だったと思います。このニュースは今も、たくさんの方の心に寄り添ってくれています。

5・7　心の傷痕

とても残念なことに、被災地では、後追い自殺が増えていました。

「せっかく助かった命をどうして……」震災の詳細をご存じない方には、そういわれてしまいます。でも、本人にとって抱えきれない大変な経験があり、きっとそれをわかってくれる誰かに出会えなかったのでしょう。これも抗うことのできない、震災の大きな傷跡だとも感じていました。

「一人なんですが、お願いできますか」

そんなふうにお声がかかると、お待ちの方もおられますので、お時間だけいただきます、申し訳ありません、とわたしは答えていました。ところがあるとき、お訪ねしてみると、一人ではないのです。ご自宅には、四人のなきがらが安置されていました。

「四人なんていったら来てくださらないと思いました。他の方にも申し訳なくて……」

涙がこみあげてきました。家族四人を失って、まだ人に気遣いをしている。わたしはすぐに携帯電話で、事務所の若手の復元納棺師を呼びました。

驚くべき会話を耳にしたこともあります。

「いや、うちは二人しか亡くしていないから」

一人でも亡くしたら、どれほどつらいことか。それなのに、三人、四人とたくさんの家族を亡くされている人もいるのだから、二人を亡くしていることは表に出せないというのです。これでは、慰めを受けることもできません。

被災地でいろんな方とお話ししていると、大切な家族に先立たれた悲しみが、残された人の心にどれほど大きな傷を負わせているか感じる場面が多々ありました。

自分が孫の手を離してしまったばかりに流されてしまった、と涙ながらに語るおじいちゃんやおばあちゃん。目の前で子どもを波にさらわれてしまったお父さんやお母さん……。一人ではとても抱えきれない、つらい経験をしていました。

そのうえ、よかれと思って第三者がかけた言葉に大きく傷ついたりする。たとえば、こんな言葉です。

「亡くなってしまった人のことは、もう忘れなさい」

忘れたくても、忘れられるはずがないのです。こんな一言が、どれほど酷なことか。無責任に投げかけられる言葉に、家族はさらに傷つき、ショックを受ける。そんな事態が広がっていました。

このままではいけない、何かしないといけない……。わたしは思うようになっていきました。

5・15　自分の髪を

新聞報道によってたくさん送っていただいた物資や支援でしたが、一か月ほどで底をつきかけていました。東北の桜が散り始める頃でした。復元に欠かすことのできないウィッグ（人工の髪の毛）やまつ毛の在庫も、なくなっていました。

仕方がありません。わたしは自分の髪の毛を切って使い始めました。髪の毛がなければ、おもかげが戻せないことも多いのです。おもかげが戻らなければ、いいお別れができません。わたしは自分の髪の毛を内側から梳《す》くように切りながら、まつ毛やまゆ毛、前髪などに使いました。

そんなある日、ウィッグが山のように届きました。宣承さんからです。

「やった！　髪の毛だ！」

飛び上がって喜びました。宣承さんからは、復元ボランティアのためにと資金援助もいただきました。

また一方で、底をつきかけていたまつ毛以外の必需品を送ってくださる方も現れました。

「これで復元が続けられる！」

うれしくて泣きました。自分はやっぱり生かしてもらっているのだ、このためにいるのだ、とあらためて思いました。

復元ボランティアは、自分以外のたくさんの方の支えがあってこそ、できること。それを本当に実感する日々でした。

仕事柄、それまでも多くのなきがらに接してきたわたしでしたが、ここまで連日、厳しい状態のなきがらに接し続けるのは初めてのことでした。体重は十キロ以上減っていました。

特に応えたのは、ボランティアを始めてからしばらくたった頃、十日間連続で小さなお子さんの復元に携わったことです。このときには、声が出なくなり、言葉が話せなくなりました。とにかくつらかったし、悲しかった。めまいに襲われ、ベッドから起き上がることもできなくなりました。

このときも、助けてくださったのは宣承さんです。メールで苦しい思いを打ち明け、いただいたお返事に泣くだけ泣いたわたしは、心の整理ができて、翌日から復元ボランティアを復活させました。

わたしは弱い人間です。心が満タンになったら、パンクしてしまう。だから、その前に話を聞いてもらいます。

宣承さん、さらには宣承さんの奥さんにもずいぶん話を聞いていただいて、励ましてもらいました。

人間は弱くても、それを打ち明け、聞いてもらうこと、とにかく表に吐き出すことが大事だと、自分の体験からも痛感しました。

ボランティアに走るわたしを見守ってくれた、会社の社員たちにも救われました。わたしは経営者です。本来であれば、お金を稼ぐための事業活動をしなければなりません。しかし、復元ボランティアの活動で、その時間は極限まで減ってしまいました。壮絶な毎日で、稼ぐための体力はまったく残っていませんでした。

それでも、社員のみんなはわたしを見守ってくれました。会社のお金が底をつきかけても、わたしの気持ちを優先してくれました。ボランティア活動を許してくれたのです。

そして、なきがらを収容してくださる方、搬送してくださる方、検死をして故人をきれいに洗ってくださる方、棺に安置してくださる方、火葬までウジ退治と出血の世話をしながら故人を守ってくださる方、お参りしてくださるお坊さん、火葬場のみなさん……。

みなさんの力があったからこそ、わたしは復元ボランティアをさせていただけました。

大勢の人たちの、「故人とご家族のために」という思い。それこそが、わたしを、わたしたちを突き動かしていたのでした。

生と死は背中合わせ

瓦礫のなかを歩いていたら、大きなトラックが横を通りました。ふと見上げると、助手席の方が満面の笑みで手を振っていました。よく見ると、奥さんを復元させていただいたご主人です。わたしもうれしくなって、大きく手を振りました。

沿岸に行くと、以前ご縁をいただいたご家族から話しかけていただいたり、

「笹原さぁーん」

と走ってきてくださる方もいます。ボランティアでしたから、自分の名前は告げずに失礼してきましたが、NHKのニュース映像が幾度か放送されたこともあって、わたしの名前を知ってくださったようです。

「シノハラさん」とか「ササキさん」と呼ばれることもあります。テレビでちょっと聞いただけですから、無理もないと思います。もとよりいうつもりのなかった名前です。まったく気にしていません。

下の名前だけ覚えてくださって、ルイコさんと呼んでくれる方もいらっしゃいま

した。

復元のときの思い出話から始まって、あれから何が起きたのか、いろんなことをお聞かせいただく機会もあり、一緒に泣いたり、笑ったりします。

ご家族がまだ見つからない、という方もいらっしゃいました。毎日、ふとした瞬間に心が揺れてつぶれそうになるのだと話してくれました。

お子さんの納骨ができない、と涙を流されていた方もいらっしゃいました。愛する子どもを少しでもそばに置いておきたい。一緒に眠ってやりたい。さすってやりたいし、抱きしめてやりたい。それがたとえ、お骨の入った入れ物であっても手放せない。子を思う親の気持ちというのは、そういうものだと思います。いつか必ず、納骨ができる日がやってくる。だから無理しないで、と伝えました。

生きることと死ぬことは、背中合わせだと感じます。悲しみの向こうに、悲しみとともに生きる方たちの深い笑顔がある。

一日は二十四時間。これはみんなに平等に与えられた時間です。しかし、その時間をどう過ごすか、どう大切に向き合えるか。それは、わたしたちひとりひとりに委ねられています。

つなげる

春が過ぎ、夏が近づき、秋が来ても、復元ボランティアは受けつけていました。新たな故人が見つかるかぎり、いつでもやらせていただきます、と申し上げていました。それでも、自然の摂理として、わたしにできることは少しずつ減っていきました。

一方で、復元ボランティアや、避難所への物資の輸送、「つなげるつながる委員会」の活動を通じて、沿岸で被災した方々とのたくさんのつながりが生まれていました。

復興は着々と進み、避難所にいた方々も、徐々に仮設住宅に生活の場を移していました。でも、大切なものをことごとく失ってしまった心の傷からは、そう簡単に立ち直れるものではありません。むしろ、仮設住宅に入居が始まって、より孤独になったという人たちも増えていました。こうした人たちには、コミュニケーションを交わすにも、相当に細やかな配慮が必要です。第三者の何気ない一言に、大きく傷つく可能性があるからです。

納棺の場でのグリーフケアにたくさんの経験を積んできたわたしも、これだけの深い悲しみに対応できるだけの方法論は持っていませんでした。眠れない、食事ができないといったうつの症状を訴える方も出てきていました。これはわたしの専門ではないですし、中途半端なことをすれば、取り返しのつかないことになりかねません。

自分の立ち位置を考え、できることとできないことを理解していないと、相手に迷惑をかけてしまいます。かといって、苦しんでいる人たちから離れるという選択肢は、わたしにはありませんでした。

必要なのは、わたしにできないことができる専門医だと思いました。グリーフケアから一歩踏み込んだ、緩和ケア。専門の経験を積んだお医者さんに助けていただくしかない。

とりわけ一人ぼっちになっている高齢の方々や、親を亡くした子どもたちが心配でした。ぬくもりを感じてもらい、前に進む力を与える。かといって甘やかすことなく、自分の底力を信じてもらう。そんな医療が必要だと思いました。仮設住宅のなかにある談話室を使って、何か集まりができないだろうか。そこで、専門の方にご助力をいただくのはどうだろうか。

「震災の日からずっと頑張ってきて、耐えている人たちのために、お医者さんとして力を貸してもらえませんか？　助けてください!!」

そんな「つなげるつながる委員会」からのお願いに、いろいろなルートを通じて、全国からありがたいお申し出をいただきました。

実際に被災者の苦しみを肌で感じてきたわたしの目から見て、この人にならゆだねられる、という方だけに、生意気ながらお願いをさせていただくことにしました。

結果的に、北海道や山形県、関東地方といった広域から、素敵なお医者さんたちがサポートに来てくださることになりました。仮設住宅の談話室で定期的に集まって、みんなで気軽にお茶を飲む「おちゃっこの会」に、普段着で参加してくださったのです。

先生方は忙しい合間を縫って、自分のお金で被災地に来てくださいます。先生然とせず、自然な形で被災者の方々とコミュニケーションを交わしている。そのコミュニケーションそのものが治療になっているのです。さすがだと思いました。

被災者の方といただいたご縁。それを終えてしまうのではなく、専門の方につなぐことができた。この活動は、これからも続けていきたいと思っています。

おばあちゃんの魔法

復元ボランティアで走りだしたばかりのときのことです。

ご自宅で、津波で亡くなったお嬢さんの復元をさせてもらい、対面していただいた後で、その子のおばあちゃんに手招きされました。

「ちょっと、こっちに来て」

わたしは何かへまでもしたかと思ってちょっとドキドキしながら、おばあちゃんの後について廊下に出ました。

「あのね……」

話しだしたおばあちゃんに、わたしは身を乗りだしました。すると、小さなしわしわの手で、両手をぎゅっと握られました。

「あなたのこの手は、これからたくさんの悲しみに出会うんだね。頑張れるように、おばあちゃんが魔法をかけてあげる。頑張れなくなったら、これを思いだして。わたしは、ずっとあなたを応援しているから」

わたしだって、ただの人間です。連日のように、つらい現実と対峙《たいじ》するのは、本当に苦しいことでした。実は精神も肉体も、ギリギリの状態でした。

手がしびれ、何度となく右手が上がらなくなりました。棺に向かって左側からの復元が多かったので、身体のバランスも歪んでいました。あちこちが痛いのをご家族に悟られないように、踏ん張っていました。

おばあちゃんのやさしさに懸命に涙をこらえながら、わたしはいいました。

「ありがとうございます。もう一度、わたしの手に魔法をかけてもらえませんか。それから、今だけ涙を流してもいいですか?」

おばあちゃんは、小さな身体でわたしを抱きしめてくれました。わたしは子どもに戻ったように、心地よいぬくもりのなかで泣きました。ひとしきり泣いたあと、おばあちゃんはいいました。

「さあ、行きなさい。次の人が待っているんでしょう」

おわりに

「当たり前に、みんな明日も生きてると思ってねぇか？　明日はおめえさんたち、この世にいねぇかもよ」

納棺の場で、おじいちゃん、おばあちゃんからこんなふうに問いかけられることがあります。しみじみと実感のこもった言葉に、聞いているわたしたちの背筋も伸びます。本当にその通りで、明日何が起きるかわからないし、何が起きてもおかしくないのが、人生です。

だからこそ、人間には知恵がありました。かつて人を見送る葬儀は、時間をかけて故人をしのんだものです。そして、ゆっくりとした時間のなかで、故人のいない生活に少しずつ入っていくことができました。

しかし現代は、葬儀が短時間で終わる、形式優先の儀式になってしまいました。誰もがせわしく生きています。寂しさを受けとめたり、まぎらわせる時間もない。しかし、それでは当たり前にやってくる死に、きちんと向き合う機会を失ってしまいます。結果、悲しみのなかで必死に考えている人を見守れる大人も残念ながら減っています。支える側は忍耐強く、その人の心を信じ、すぐそばで見守らなければなりません。大切な家族の「死」を体験している人には、それができる人が多い。家族が自分自身の力で立ち上がれるまで、そばで見守れる大人が増えてくれることを願います。

人は、本当は強い。亡くなった人を大切に思うからこそ、必ず立ち上がれる瞬間が、みんなにあるのです。

しかし、早く立ち直って、いつも通りに振る舞わないといけない、などと思う必要はありません。時間をかけて、一緒に過ごした時を思い、大切な人の存在をしのぶ。そして、ゆっくり、じっくりと、新しい生活に入っていけばよいのです。

それは同時に、当たり前の日常が、どれほどかけがえのないものであるかを確認することでもあります。もっといえば、生きていることそのものが、すばらしく、奇跡的だということに気づかせてくれるきっかけになるのです。

ごはんが食べられる日常が、人と笑い会える日常が、助けられ、支えられ、また一方で助け、支えることができる日常が、いかにありがたく、幸せなことか。そのことに感謝しながら、人生を楽しんで生きていけたらと思います。それは、大切な人を失った悲しみを昇華させる、ひとつの方法でもあるのです。

　最後になりましたが、本書を出版するにあたっては、ポプラ社編集部の斉藤尚美さんにたいへんお世話になりました。また、構成・編集の作業を進めるうえで、ライターの上阪徹さんにご尽力いただきました。この場を借りて御礼申し上げます。

　また、素敵なデザインにしてくださったデザイナーの鈴木成一さん、復元ボランティアと被災地をご支援いただいた皆さん、関わってくださったすべての皆さんに深く感謝するとともに、この本を雲の上にいる皆さんと、そのご家族に捧げたいと思います。

　命と真剣に向き合おうとしている方々に、本書がわずかでもお役に立てれば幸いです。

二〇一二年六月　北上の事務所にて

笹原留似子

文庫版あとがき

二〇一二年八月に『おもかげ復元師』の単行本が世に出てから、東日本大震災や阪神淡路大震災、全国各地の災害、または戦争など、さまざまな理由で大切な方を亡くされ、長い時を経てもなお想い続ける皆さまと、ご縁がつながりました。

皆さまの経験に触れるなかで、亡くなられた方の存在が、生きている方々を支えていることをあらためて実感しています。

どのような「死」を迎えようとも、旅立つ方はきっと、最後の最期まで、大切なご家族のことを想っているのではないでしょうか。実は、旅立つ側と送る側の両者が、「死」というできごとを通して、そしてその瞬間があるからこそ、お互いを心から想う「時」を経験しているのだと思います。

時が流れ、相手の立場でものごとを考えられる時期に入ると、皆さんが口をそろえていいます。「あれは、お互いさまの気持ちだったのですね」と。

そして、こうもおっしゃいます。「どう死を迎えたのか、という思いからやっと抜け出せて、どう生きてきたかに目を向けられるようになりました」と。

「どう死を迎えたのか」という思いにとらわれがちになるのは、誰もが経験する通過点です。それだけ「死」というできごとは、人の心に大きな影響を及ぼします。「死」のなかにあるものを知らないままだと、「恐怖」という気持ちとして抱えてしまう場合も多く、それは時に、人生に対する価値観をも変えてしまいます。「死」は人を混乱させます。でも、残された人たちが「死」と真剣に向き合うなら、大切な人との時間のなかに、きっと答えを見つけることができると思うのです。

身近に「死」を経験したとき、人はそのできごとを「その方の人生そのもの」ととらえます。そして、その方が歩んできた人生を偲びながら、自分はどんな関わりを持ってきただろうと、過去に深く思いを馳せます。

「死」は終わりを意味するものではなく、残された人が、その方にもらったひとつひとつの記憶を確認し、生活のなかに組み込んでいく作業だと感じます。

自分の身に「死」がやってきたとき、あなたならどんな生き様を、大切な人に遺したいですか？

安置所の復元でご縁をいただいた被災者の方から、「あのときね、いろんな人から声を掛けて慰めてもらったけど、素直になれなかったり、なんて返事をしたらいいかわからなくて、そのままになっていたの。そんな人たちに『おもかげ復元師』をお礼に配ってるの！」と、教えていただくことも多くなりました。

震災から三年九か月。亡くなられたご家族のことを話されるとき、今でもお体が震える方もいらっしゃいます。それでも、安置所のなかのこと、あのときの気持ち、亡くなられたひとりひとりの人生を知ってもらいたいと、お話をしてくださいます。

不思議なもので、「つらくて全部読めなかった」という方は、身近に死を経験したことがないのだと教えてくださいます。「全部読んだ」「何回も読んだ」という方は、震災や病気、事故や自死などでご家族を亡くした経験のある方がほとんどです。「死」は、生きていれば必ず、現実に起こるものです。ショックを受けたくない、できれば考えたくないといって避けていると、実際に直面したときに対処できなくなってしまう可能性があります。

死の現場で生かしていただいている身として、お伝えできることを精一杯伝えていきたい。そんな思いから、わたしは今、納棺のかたわら、全国の保育園や幼稚園、小・中・高校・大学、また看護学校の学生さんなどに向けて「いのちの授業」をさせていただくようになりました。多くは全校生徒向けですが、クラスの授業に入ることもあります。

「死」に関する情報は、「死」の現場にあります。また、ご家族ひとりひとりのなかにあります。こちらが答えを決めるものではなく、ご家族のなかから答えが出るまで「今」という二度と戻らない時を一緒に積み重ね、待たせていただきます。そのときに覚えておきたいのは、答えは何度変わってもいいということです。大切なのは答え自体よりも、それを導き出すまでのプロセスなのですから。

そうやって「死」と向き合い、自分にとっての答えを探すことができれば、それは一生、その人を支えてくれます。特に子どもたちには、人は生きている人だけでなく、亡くなられた人たちも含めて、実に多くの人に支えられ、育まれていることを知って、お互いさまの芽を育ててもらいたいと願っています。

ただ、「授業」をさせていただいているわたしのほうが、子どもたちから教えてもらうことも本当に多いのです。納棺の現場も、毎回、学びの連続です。

そんな日々のなかで印象的だったことを、いくつかご紹介させてください。

「これから、お母さんをどんなふうに応援したらいいの？」

あるお宅で納棺が終わったとき、小学生の娘さんたちに聞かれました。

大切な家族に向けた子どものまっすぐな気持ちは、関わる大人として、できるだけ大切にしたいと感じます。

「これからね、お母さんがお空の上まで迷子にならないで行けるように、お坊さんがお経をあげに来てくださるのね、だから、お坊さんが帰られるときに、そっと聞いてごらん。聞ける？」

「うん。聞ける！」

わたしは「ちゃんと声、掛けられるかな？」と少々心配に思って、菩提寺の住職さんに連絡を入れて、申し送りをさせていただきました。住職さんは、「事情はよくわかりました。では、声を掛けてもらいやすいように、いつもよりゆっくり歩きましょうね」といってくださいました。

後日、教えていただいたお話によると、住職さんが帰られるとき、娘さんたちはなかなか声が掛けられずにいました。そこでご住職は草履を履くフリをしながら、「ん？」と、水を向けてくださったそうです。

お姉ちゃんがモジモジしていると、妹が聞きました。

「お母さんを応援したいので、どうしたらいいのか教えてください！」

ご住職は子どもたちに、「わたしひとりがんばってお経を上げてもダメなんだよ。

みんなで心をひとつにして、お母さんを想いながらお経を上げようね」といいました。そして、手を合わせる意味を教えてくださったそうです。

ご住職の存在という安心感のなかで、子どもたちはお母さんを想い、一生懸命小さな手を合わせたのでしょう。その後、ご住職のお寺で定期的に行われている寺子屋に、この子たちは通っていると聞きました。檀家さんもみんな地域の方たちです。地域に帰るって、こういうことなんだと教えていただきました。

納棺は、宗教や宗旨、地域のしきたりを重んじます。そこには、いのちと向き合う方法として大切なことが組み込まれています。次世代に、しっかり伝えていきたいものだと多くの現場で感じます。

本書のなかに、雷でお孫さんを亡くされたおじいちゃんのことを書かせていただきました。そのおじいちゃんをよく知る方々から、わたしにどうしても伝えたかったと、教えていただいたことがありました。

「おじいちゃん、今は学校にお願いされて、『みどりのおじさん』になって、地域の子どもたちのいのちを守ってくれています」

胸が熱くなるお話でした。地域の方々が、おじいちゃんを見守ってくれていたんだなあ……。お孫さんの火葬の前日に、二人でお話をさせていただいた時間を思い出しました。いのちの重みを知っているおじいちゃん、きっと熱心にご活躍されていることでしょう。またお会いしたいなと思いました。

実は、雷の事故があった海岸は、東日本大震災で壊滅した町です。その町でたくさんのお寺も被災しました。被災したお寺の僧侶である、岩手県曹洞宗宗務所の方とお会いする機会があり、先日、そっとこんなことを教えていただきました。

「笹原さんは、雷の子のことをずっと想い続けていらっしゃるのですよね。私たちね、雷の事故の後からあの場所で、ずっとお参りを続けさせてもらっているんです」

もしかしたらあの子、迷子になっていないかしら。淋しくしているのではないかしら……という思いがずっとあったので、有り難くて、目が涙でいっぱいになりました。

被災地における幽霊話との関わり方についても、思うことがあります。

幽霊話は、特に子どもたちの間で、当初から多くありました。

「あそこに、おじいさんの幽霊が出る」

祖父を亡くした子どもは、それを聞いて「自分のおじいちゃんかもしれない」と心配して、被災地をお参りのために訪れたお坊さんにお経を上げていただいたそうです。

「あの建物の入口に、親子の幽霊がいる」

そんなうわさのあるビルが取り壊された後、母親と妹を震災で亡くした男の子は「あの親子はどうなったのだろう」としきりに心配していたと聞きました。

一見、オカルト的に聞こえる幽霊話ですが、家族を亡くした人にとっては人ごとではありません。たとえ幽霊になったとしても、大切な家族なのですから。

あるとき、祖母が見つからない小学生の男の子に誘われ、幽霊が出るといわれている場所まで彼の案内で車を運転していったことがありました。彼は、車を降りるなり大きな声で叫びました。

「おばあちゃーん！　聞こえてるー？　あのね、みんなに幽霊とかっていわれてるよー！　みんな、おばあちゃんが帰ってくるのをずっと待ってるんだから、ぼくと一緒に帰ろうー！　……でも、おばあちゃんじゃない人だったら、ぼくの家に来ても仕方ないからね！　自分のお家に早く帰るんだよー！　じゃあね！」

瓦礫が撤去された後、かさ上げ工事が始まった地区でのできごとでした。

「死」の存在が生活の中にあるか、外にあるかで、幽霊の話もこんなに関わり方が変わってくる。私も深く心に刻んだ時間でした。

事故や自殺、災害も同様で、「事故現場に幽霊が出る」「自殺の現場に出るらしい」といったうわさは、家族を苦しめることが少なくありません。

相手の立場に立って、考えてみること。自分が何の気なしに口にしたうわさで苦しむ人がいることを想像できれば、自分のところにそんな話がまわってきたら「止めるという判断もできるのではないでしょうか。それこそ、最も勇気ある行動かもしれません。

子どもたちの身に、家族の「死」という大きな悲しみや困難が降りかかったとき、近くの大人が逃げず、ごまかさず、しっかり向き合って考えていかなければ、子どもたちは自らも「死」という選択をしかねません。この仕事をしていると、さまざまな現場でご縁をいただき、「もっと早く会えていれば、違った選択をしてもらえたかもしれない……」と悔やむこともあります。

わたし自身、そのような嘆きを抱えているときに、藤原茂さんと出会いました。藤原さんは、山口県に母体がある「夢のみずうみ村」の代表をされています。岩手県大槌町に、全国の皆さんからの寄付で運営される「子ども夢ハウスおおつち」を開設することにも尽力してくださり、わたしも長期的にお手伝いをさせていただいています。ここは被災した子どもたちがいつでも自由に飛び込んでこられるようにとつくられた場所です。現地の子どもたちと、事情があって引っ越さざるを得なかった子どもたちがさまざまに集い、毎日大変な賑わいを見せています。

この夢ハウスにやってくる子どもたちの、「死んだ家族に会いたい」という必死の思いを聞いて、先日は「恐山参り」に行ってきました。

昔から東北には「恐山信仰」があります。亡くなった家族に会いたいときは、自分の命を絶つのではなく、はるか昔の人たちが残してくれた山、「あの世」と呼ばれる場所に行けばいい。そんな話になって、みんなでお邪魔しました。

あの有名な「いたこさん」のお世話にこそならなかったものの、恐山参りを通して子どもたちは、「自分と同じ悲しみを抱えている人がこんなにいるんだ」と実感したようでした。あの独特な雰囲気に包まれて、悠久の歴史と、そこでくり返されてきた人間の営み、悲しみに出会いました。亡くした存在が大切であるからこそ、「悲しい」という感情が湧いてくるということを、身をもって体験していました。

「死」は、経験した者の心を締めつけます。その記憶は潜在意識にインプットされ、その後の生活のなかで、ふとした瞬間に蘇り、人を過去に縛りつけます。けれど、その気持ちを理解し、昇華させてくれる存在と出会えたとき、人はだんだんと、悲しみのなかにあるさまざまなものを見出せるようになっていきます。
普段の生活のなかで、悲しみや嘆きにどのように接し、向き合うか。
本書を、すこしでも考えるきっかけにしていただけたらこんなに嬉しいことはありません。

雲の上にいるおひとりおひとりが、皆さんの人生を支えてくださいますように。

二〇一四年十二月　北上の事務所にて

笹原留似子

この作品は、二〇一二年八月にポプラ社より単行本として刊行されました。
登場する方の肩書きなどは、当時のまま記載しています。

おもかげ復元師

笹原留似子

2015年 1月5日 第1刷発行

発行者 奥村 傳
発行所 株式会社ポプラ社
〒一六〇-八五六五 東京都新宿区大京町二二-一
電 話 〇三-三三五七-二二一二(営業)
〇三-三三五七-二三〇五(編集)
〇一二〇-六六六-五五三(お客様相談室)
ファックス 〇三-三三五九-二三五九(ご注文)
振 替 〇〇一四〇-三-一四九二七一
ホームページ http://www.poplar.co.jp/ippan/bunko/
フォーマットデザイン 緒方修一
組版 株式会社鷗来堂
印刷・製本 凸版印刷株式会社

N.D.C.916/263p/15cm
ISBN978-4-591-14284-4
落丁・乱丁本は送料小社負担でお取り替えいたします。
ご面倒でも小社お客様相談室宛にご連絡ください。
受付時間は、月~金曜日、9時~17時です(ただし祝祭日は除く)。